平成の東京
12の貌《かお》

文藝春秋編

文春新書

1203

はじめに

平成三十一年（二〇一九年）は平成最後の年になります。四月に今上陛下が退位し、五月に皇太子が新天皇に即位して新しい時代が幕を明けます。

翌二〇二〇年には、二回目の東京五輪が開催されます。一回目の東京五輪は昭和三十九年（一九六四年）に開催されました。五輪をひとつの契機にして、昭和後半の日本は高度経済成長の波に乗り、世界の一流国の仲間入りを果たし、経済大国の道を突き進みました。しかし、平成に入ると、昭和元禄の時代は遠い過去のものとなり、バブルが崩壊し、政治や社会の様々な歪みが顕著になり、経済は停滞し続けました。

そうしたなかで、日本の首都・東京は昭和から平成にかけてどのように変貌したのか。

作家の開高健は、昭和三十八年の秋から翌年の晩秋にかけて、『週刊朝日』で「ずばり東京」と題するルポルタージュを連載しました。終戦から二十年近く経過し、五輪を控えて高揚する首都の姿を様々な角度から描きました。開高健が見た東京と、今私たちが見ている東京は、何が変わって何が変わらないのか。

本書に収録した作品は、月刊『文藝春秋』で連載した「50年後の『ずばり東京』」（二〇一六年八月号〜二〇一九年一月号）から、主に東京に住む人々の暮らしや意識の変遷を描いた十二本を選んで加筆修正し、再編集したものです。この連載は開高健の「ずばり東京」へのオマージュとして、毎回違うノンフィクション作家が自身で取材するテーマや東京の街を選び、リレー形式で執筆していったものです。本書の姉妹編とも言える『昭和の東京12の貌』は、同連載から主に東京の街の変遷を描いた十二本を選んで収録しました。いずれも、昭和と平成という二つの時代を筆者が行き来するルポルタージュです。

全編を通して見えてきたものは、昭和から平成へと移る時代の東京の空気でした。ある場所では、昭和の空気は脈々と受け継がれ、ある場所では、昭和の匂いがすっかり消えていました。平成の次の時代を迎えるにあたって、いまいちど、昭和から平成への東京の歩みを記録しておきたいと考え、本書を編みました（登場人物の年齢や肩書き、数字は原則として取材当時のものです）。

編集部

平成の東京12の貌《かお》

目次

はじめに　3
ゴジラとタワーマンション　髙山文彦　9
超高層化が進んだ街ではゴジラも小さく見える
保育園反対を叫ぶ人たち　森健　35
待機児童は増え、住民は不寛容になった
虐待と向き合う児相の葛藤　稲泉連　63
親と社会の板ばさみになる職員たち
東大を女子が敬遠する理由　松本博文　89
地方出身女子の志望者が圧倒的に少ない

「ラジオ深夜便」のある生活　樽谷哲也　113
東京の夜空の下で毎夜聴いている人がいる

エリートが集う「リトル・インド」　佐々木実　139
今世紀に急増したインド人IT技術者たち

はとバスは進化し続ける　小林百合子　163
時代とともに新たな人気コースを作り出す

八丈島の漁師と青梅の猟師　服部文祥　189
東京の南端と北端には野性の時空間が残る

いまどき女子は神社を目指す　野村進　215
なぜ「目に見えないもの」にすがるのか

ゴジラとタワーマンション

超高層化が進んだ街ではゴジラも小さく見える

髙山文彦

昭和33年に完成した東京タワー

東京タワーの大展望台は、地上から百五十メートルの高さにある。立ちすくんでしまうのではないかと思っていたのに、どうしたことか少しも恐ろしさが感じられない。むしろゆったり落ち着いて、ある楽しみさえおぼえながら、窓の外を見る。

理由は明瞭。ぐるりと眺めまわす周囲に、ここと同程度か、ここよりもさらに高いビルが競いあうように林立しているからだ。三十年まえに訪れたときは、怖くなってしゃがみ込んでしまったものなのだが――。

臨海部には、晴海や品川からはるか千葉方面にかけて、おびただしい数の超高層ビルやマンションの群れ。お台場や汐留や東京駅周辺にもなだれ込むようにそうしたタワーが押し寄せて、目を左に転ずれば虎ノ門ヒルズ（二百五十六メートル）、赤坂の東京ミッドタウン（二百四十八メートル）、六本木ヒルズ森タワー（二百三十八メートル）をはじめとする世に知られた一群が天に向かって突き刺さっている。以前は高く見えていた二十階建て前後のビルたちが、いじらしい茸のように彼らの谷間でうずくまっている。

いったいこれは、この世の景色なのか？

私は胸がざわざわしはじめた。私の魂の源郷が、本能的に彼らを拒否しはじめたのだ。そうして、自分でも思いがけない台詞が唐突に胸をつきあげてくる。

これじゃあゴジラは、いったい全体どうすりゃいいんだ！

私の知っているゴジラは、身長が五十メートル、体重は二万トン。二百五十メートル級タワーの五分の一しかない。そんな程度の大きさでは、とても東京を破壊することなんてできないじゃないか。

臨海部に延々と連なるタワー群は、ここから見ると隙間もなくたがいに重なりあって、湾を取り巻く壮大な壁として映る。それらは海風を遮り、内陸にヒートアイランド現象をおこしているとさんざん指摘されてきたが、いまではもう、誰も言わなくなった。埼玉の熊谷では、夏になるたびに日本一の気温の高さを勝ち誇ってみせるようなありさま。そうやって笑いとばすしかないのではあるまいか。

タワーの群れは隣近所ばかりでなく、遠くの家々の日照時間を奪い、夏には薬缶《やかん》から噴きあがる蒸気みたいな熱風を吹かしまくる。戦後日本の自己実現の結実の姿が、ここにある。文明はもうすっかり私などの手の及ばぬ次元へ行きおおせてしまったのだ。

開高健が見た東京

開高健がのぼったのは、この大展望台までであった。ここよりさらに百メートル上空に特別展望台があるのだが、オープンしたのは彼の訪問から四年後の昭和四十二年七月。『ずばり東京』を週刊朝日に連載したのは、昭和三十八年の秋から翌年の晩秋にかけて。アジア初のオリンピック開催を控えて発熱する東京のありさまを、さまざまな角度から探訪しルポルタージュしている。

その一章に「東京タワーから谷底見れば」がある。開高健は言う。

〈一千万人の都をガラス窓の内側から見おろして私は深い息を吸いこみ、吐きだす。あるフランスの小説の若い主人公はモンマルトルの丘の頂にのぼってパリ市を見おろし、パリはおれに征服されるのを待っているといって、勇気リンリンうそぶくのであるけれど、私はそんなヤニッこい、しぶといことを考えない。コカコーラを一本飲んでから、おもむろにタバコを一本ふかし、空へ眼をあげるのである。そして、ああ宇宙は広大であるよと考え、気の毒なミジンコのごとき人類よと考えるのである〉

さて、私はいま、そのように考えただろうか。開高健はこの文章の前段で、首都機能の移転と人口の地方への分散、道路の拡張と整備が東京には必要不可欠だと語り、そのためには都内すべての個人宅の庭を「涙を呑んで公共のために提供する」わけにはいかないか、と述べている。

〈そして、そのかわり、個人の庭を道にとかして、住居を高層アパートにしてしまうかわり、公園と並木道をすばらしいものにする。自分の家の庭がなくなれば、日本の公園や山は、ずっときれいになるだろう〉

いま私の目のまえにひろがる東京の現実は、首都機能移転や人口の分散化こそできていないけれども、「高層アパート」や「公園と並木道」はそのとおりになっているかもしれない。でも開高さんは、「高層アパート」がこのように天を突く高さにまで聳え立ち、海ぎわまで森のように繁茂することになろうとは、そこまでは願っていなかったのではないか。東京だけではない。多くの地方都市にも、いまやタワーマンションやオフィスビルが建ちならんでいるということも。

「空中族」と呼ばれる人びとがいて、タワーマンション上階の部屋を買っては、値が高くなったところで転売し、儲けを得る。暮らす、住む、というのではない。あくまでも投機の対象なのであって、そんなことでは、全住戸を集めたらひとつの村か町かの規模を有するタワマン共同体は、その共同体としての機能を円滑に運営できるはずがないではないか。

ふたたびオリンピックを迎えようとしている東京は、彼が見つめた戦後復興の時代に比して、あまりにも事情が違いすぎている。

東日本大震災、福島原発事故をはじめとする大災害に見舞われた日本は、それを発火点とするかのように全国各地で大規模な自然災害がおこり、大手メディアはオリンピック開催への期待を煽っているけれども、この列島に住む人びとは、心のなかでは、オリンピックなんて土建屋と建築屋と広告代理店とメディアが大儲けするだけで、そんなものに金を使うよりも、東北の被災地の復興や各地の被災地の復興、なにより原発事故の後始末に人も金も知恵も使ってほしいと、冷ややかな視線で見ているのではないか。オリンピックが終わってしまえば、タワマンの価値は急落するとみられている。不動産屋や「空中族」や外国人投資家は、オリンピックまでに売り抜けようとしてタイミングを見ているのだと。

経済も政治もすっかりグローバル化した。いまや資本主義、言い換えれば新自由主義経済システムは、鉄壁の制度を世界中の津々浦々まで行きわたらせて、最高度の完成をじきに迎えるようだ。すべてが金、金、金の世界となって、弱肉強食の新段階にはいってしまった。それがおびただしいタワーの群れに象徴化されている。

私は特別展望台までのぼっていった。すると、高さ二百五十メートルからの眺望は一変した。多くのタワーはぐんと眼下に落ちて、遠くまで見渡せるようになった東京は、急にリアリティを失って、はるかに霞み見える富士山や丹沢の山々、筑波山までをふくめて、いかにも手先の器用な職人がつくった精巧なジオラマとして出現したのだった。それでまた、あることが思い浮かんだ。

いったいあの子はどんな気持ちで、あの高さから落下したんだろうか……？

高所平気症の子どもたち

大阪市阿倍野区のタワーマンション四十三階から六歳の女の子が転落死したというニュースが流れたのは、二〇一六年四月であった。空を飛ぶシーンが描かれたアニメを家族と一緒に観ているときに、姿が見当たらなくなったと思ったら、一メートルの高さにある窓が開いており、女の子は椅子を使ってそこから転落したらしい。高所をまったく怖がらない「高所平気症」なる言葉をそのとき私ははじめて目にしたのだが、生まれて以来地上から遠く離れたところで暮らしてきた人びとにこの傾向は顕著なのだそうで、とりわけ外で遊ぶ経験の少ない子どもらにたいして、親は注意を払わねばならないと述べる学者もいる。

四十三階というと、一階ごとの高さを二・五メートルとして計算してみても、軽々と百メートルを超えてしまうではないか。女の子はいまの私のように、ほんの足もとに広がるジオラマとして眼下の景色をとらえていたのではあるまいか。非現実の現実。現実の徹底した非現実。彼女にとっては、リアルなディズニーランドのようなものであったのかもしれない。

タワーマンションのエレベーターは一分もかけずに四十三階に到着する。時間の短さと距離とのアンバランスな関係。超高級なタワマンには、一階にコンビニとかスーパーマーケットがはいっており、歯科、小児科医院や保育園、美容室などがはいっている場合がある。別の階にはジムやプール、子どものための広場もある。ほとんどの日常生活がタワー内で安心、便利に完結できるかわりに、子どもらは外に出て遊ぶ機会を喪失した。ベランダには鉢植えの緑や花すら置けない。鳥や蝶の姿を見ることもない。

「風の音がものすごいんです。台風のときなんて、とくに。タワー全体が揺れる感じがします」

東京都内のタワマンに暮らす知人が、そのように教えてくれた。なるほど、それはそうだろう。そもそも丸裸の丘の天辺にわざわざ家を建てようとする者なんて、ひとりもいまい。するとタワマンでは、風の音だけが聞こえるのか？

「いいえ、雨がたたきつける音も」

と、知人は言う。

もうひとりの、やはりタワマンで暮らしたことのある知人によると、まずエントランスをはいるときにキーを使う。コンシェルジュのいるロビーを過ぎて、エレベーターホールにはいるときに、またキーを使う。そしてエレベーターに乗り込むときも。そうして自分の部屋のあるフロアへ一気に上昇するのだ。別のフロアのボタンを間違って押したとしても、コンピューターは受けつけてくれない。そのため、人と乗りあわせることは滅多にないらしい。こうして不審者はシャットアウトされる。ひとたび地震がおこれば、防災センターから逐一情報が館内に放送されて、エレベーターのなかにいたとしても、速やかに避難誘導がおこなわれる。

ならばあの女の子も、百メートルの垂直の道のりを、たったひとりで安心して行き来していたのかもしれない。

ジオラマの東京を見下ろしながら、そうであるならば自分も鳥のように飛んでみたくなるだろうと思った。タワマンには便利と安全が備わっている。でも大いなるものを人間から遮断し、奪っていはしないか。

それは「本能」というものだ。便利と安全は、人を無能力化する。不便と不安こそ本能が感知し味わうものであって、どうすれば自分はこのさき生存しつづけられるだろうかという知恵や情報の収集行動は、それを起点として生まれるものなのだ。オーストリアの生物学者コンラート・ローレンツは、人間の攻撃性は無知や偏見から生ずるのでなく、それは生物的種として人間が生来的に持っている「本能」なのであって、攻撃性を人間から取り除いてしまったら、友情や愛や献身といった他者を思いやる豊かな感情までもが消滅すると指摘している(『攻撃』みすず書房)。まだ六つにしかならない女の子に、そんな理屈なんて当てはまるはずがないと言う人がいるだろう。では、彼女が「高所平気症」だったとしたらどうだろうか。

高所恐怖症であれば、だれしもが大なり小なり持っている。それゆえにこそ、高い所は危ないから行ってはならないという危険回避の知恵がはたらく。つまり高所が怖いというのは、生き物としての本能なのである。ところが「高所平気症」は違う。それは本能ではなく、生まれ育った環境に由来するのだ。

私は大展望台までもどり、床をくり抜いて設えられた一メートル四方あるかないかの透明な強化ガラスの上に立ってみようかと、へっぴり腰で顔だけつきだして下界を覗き込んでみると、ゴマ粒みたいな車の行き来が見えて、全身に鳥肌が立った。われ先にそこに立って平然と下界を見下ろしているのは、子どもたちだ。私は思いきって乗っかってみたが、とたんに股間の大事なところが氷を押しつけられたみたいにキーンと固く縮こまって、あわてて跳びのいたのだった。「高所平気症」とは、この子らのことを言うのか？

大人たちのわざとらしい仕掛けになど惑わされず、どうか無事に高所の誘惑を振り切って成長してほしい。私は、そう祈らずにはいられなかった。

東京タワーに込められた思い

さて、東京タワーにまつわる話を少しだけしておきたい。

東京タワーは昭和三十三年の竣工時から長らく、パリのエッフェル塔を抜いて世界一の高さ（三百三十三メートル）を誇っていた。着工から一年半で完成したことに驚かされる。墓地の一部を提供した芝の増上寺は、大展望台の真下に望めるが、ここはかつて米軍の空襲で焼き払われている。増上寺に限らずこのあたりはいちめん焼野原にされて、すっきりと青空に立ちあがる東京タワーの上空から撮られた竣工後の写真にも、やたらと芝公園の緑が目立ち、足もとに大きな建物は写っていない。

やはりこのタワーは、戦後復興を国民に鼓舞するために建てられたものであったのだろう。それまで日本は朝鮮戦争の特需で大儲けし、復興の足掛かりとした。「もはや戦後ではない」と経済白書が謳ったのは昭和三十一年のことである。建設に使われた鉄骨材料の多くは、朝鮮戦争でお払い箱になった米軍戦車からとられている。生き血を吸った道具によって、このタワーは建てられたのだ。

ほかにも意味深長な事実がある。東条英機ほかA級戦犯の処刑がおこなわれたのが、皇太子（現天皇）十五歳の誕生日であったことを知る人は、いまでは少なくなった。では東京タワーが竣工式を迎えたのがいつかというと、同じ十二月二十三日のことなのである。A級戦犯処刑から数えてちょうど十年、皇太子は二十五歳になる。順当にいけばいずれ天皇となるであろう皇太子に因果をふくめるように戦勝国は処刑日を彼の誕生日に定め、死の穢れを一身に帯びたそうした彼の因果を祓おうとして、日本人はこの日に竣工式を定めたのではなかったか。

加えて竣工直前の十一月には現皇后・正田美智子との結婚が皇室会議で承認されている。いわば東京タワーは、少年期に世界の非情を身に染みて思い知らされた皇太子にたいする、二重の意味での国を挙げてのプレゼントだったのだ。それでトビ職を中心とした職人集団は、期日を守るため朝の六時から夜の六時まで連日鉄材を組みあげ、ペンキ塗りに励まなければならなかった。

大小百回以上の空襲にさらされた東京は、十二万人近くの死者・行方不明者を出して、壮大な荒野にされた。遺体で発見された死者は焼かれたが、行方不明になった者たちは瓦礫の下で骸《むくろ》となり、水を求めた先の川に沈んだか、流されていった。

その川について、東京都の『東京百年史　第六巻』（ぎょうせい　一九七二年刊）は、びっくりするような話を打ち明けている。戦後の首都復興をめぐって必要欠くべからざる、ヨーロッパの都市計画にあるような「百年の計」という長期構想は、あっさりと「放棄」されてしまったのだという。そして「東京をどんな形に、どのようにして復興させるのかという展望を全く欠いたまま」、場当たり的な「応急処置」が無計画に実施されていった。たとえば膨大な瓦礫をふくむ「焼土」を、彼らは近くの川に捨てまくった。それによって川を埋め立て、細長いながら公有の土地が生まれた。「焼土」にも川にも、死者たちの骨が混じっていたことであろう。

〈しかしこの作業は江戸の成立以来、約三〇〇年間にわたってこの都市の物資流通の大動脈を形成していた河川を寸断する結果になった。下町一帯に網の目のようにめぐらされた水路とその両岸はすべて流通の幹線であり、ターミナルであった〉

歴史学者である執筆者の鈴木理生《まさお》氏はそのように述べ、古くから人びとの暮らしに多大な恩恵を与えてきた川を、自分たちの利得のために平気で埋め固めてしまった役人感覚を憂えている。道路事情の悪い東京において、水上輸送は現代でも有効だったのではないかと批判を加えている。

弊害は、しばらくしてあらわれた。多くの川を埋め立ててしまったために、下水排水ではまかないきれぬ大量の雨が降ったとき、東京の街はあちこちで水浸しになるようになった。その場しのぎの都市計画のために、人が歩くための道であった東海道などの五街道のみならず通学路でさえも、大型トラックが行き交うようになった。ヨーロッパの都市のように、車の往来を気にせず歩ける道はすっかり失われてしまった。都や区は川を埋め立ててつくった土地を企業に売り、開発させた。川があれば、もう少し夏の暑さも緩んだかもしれない。彼らは大都市の容積率を高めることによって、バブル経済を演出し、国民を狂気の沙汰へとかりたてることとさえした。いまやタワーをあちこちに出現させ、とうとう戦後日本のお家芸であったスクラップ・アンド・ビルドの悪夢の連鎖から脱した、ように見える。

紙と木でできた懐かしい家よ、さようなら！

巨大タワーへ、ようこそ！

東京の地下には、たくさんの死者の骨が眠っている。夜、車の窓からふと顔をあげると、熾火《おきび》のように真っ赤にライトアップされた東京タワーの姿に驚かされることがある。私はそのとき思う。このタワーは、空襲であの世へ行った死者たちの慰霊塔であるに違いない、と。

ゴジラも高くなっている

調べてみて、ひとつわかったことがある。ゴジラの件である。東京に建てられるビルの高さが上に伸びるにつれて、彼の身長も伸びているのだ。

昭和二十九年公開の一作目は、たしかに五十メートル。この状態が昭和五十年公開の十五作目までつづいた。ところが九年後の昭和五十九年に公開された十六作目では、身長が三十メートルも伸びて、八十メートルになっている。理由はやはり、東京などの大都市で高層ビルがどんどん建ってきたので、見劣りしないように高くしたのだという。

平成三年の十八作目『ゴジラvsキングギドラ』では、ついに百メートルに達した（体重六万トン）。キングギドラは被爆都市広島を破壊し、ゴジラは東京タワーを破壊する。両者の戦いは東京新宿の都庁まえでくりひろげられるのだが、さすがにゴジラは二百四十三メートルもある都庁の庁舎にくらべると小さく見える。

以後、二十二作目まで百メートルを維持してきたゴジラは、理由はわからないがその後五十五メートルとか六十メートルに縮んだかと思うと、平成十六年公開の二十八作目『ゴジラ FINAL WARS』で、百メートルにもどった。そして平成二十八年七月二十九日、十二年ぶりに復活公開された二十九作目の『シン・ゴジラ』では、さらに百十八・五メートルと巨大化しているのである。

史上最大のスケールとなったゴジラは、人類のまえにはじめてあらわれるという設定で、予告編を観てみると顔相が禍々しいほどに変貌している。ギザギザの皮膚の皺の谷間が全身にわたって内側から燃えたつように真っ赤に染まっているのは、それをエネルギー源とする核分裂がおきていることの証左であろう。これほどの憤怒の表情が、いままでのゴジラにあっただろうか。タイトルの「シン」とは「新」の意味よりも、宗教・道徳上の「罪業」をあらわす「Sin」なのではあるまいか。

彼は東京湾に突如あらわれて、一片の呵責もなく自分よりも背の高い現在の都市を破壊しようとする。高さ二百三・五メートルのタワーマンションを筆頭に、目下人気沸騰中の川崎市武蔵小杉で自衛隊の猛攻撃にさらされながら、微動だにしない。東京都心に迫りくるその姿を遠景にとらえた夜間映像が美しい。襲来を待ち受けるほかない東京の空撮映像には、虎ノ門ヒルズほかタワー群の悄然として佇む全景が映し出される。人は逃げていなくなってしまっている。藻抜けの殻となった東京は、冷たい光をはね返すそれらの群れが無数の卒塔婆のように見えて、墓標的景観と言うほかない。

ゴジラで目を奪われるのは、なにかをその内側にしまい込んでいるとしか思えない、異様に隆起した胸だ。燠火の色にめらめらと燃えたっているのは、そこに炉心が格納されていることを示唆する。ゴジラの足元にひろがるのは、巨大な龍の腹にのしかかられたような、ぺしゃんこに押しつぶされた街並み。これは否応なく、大津波に引きさらわれた三陸沿岸のあの風景を想起させる。主人公ほか主要登場人物は、政治家や官僚たち。首相官邸地下の危機管理センターを中心に、彼らはあわただしく動きまわる。

この映画は明らかに、東日本大震災と原発事故を受けてつくられているのである。ゴジラは巨大地震であり、巨大津波であり、それ自身、原子力発電所なのだ。

思えば東京は、福島原発からの送電を一身に受けて肥え太ってきた。今回のゴジラの誕生設定は、おそらく五年まえの大津波と原発事故で目覚めた怪物というものであろう。それが東京を襲うということは、「罪業」としてこの世にあらしめられた存在が、「罪業」を自分に背負わせた相手を襲うという物語であり、自分たちが産んでしまった「罪業」に自分たちが滅茶苦茶にされるという因果応報の物語なのである。「罪業」の苦しみと悲しみに悶え狂うゴジラの背びれには、二万の死者の霊がとり憑いている。

ハード優先の都市計画

『2020年マンション大崩壊』（文春新書）の著書を持つ三井不動産出身でオラガ総研代表の牧野知弘氏にタワーマンションの話を聞きに行った。牧野氏はタワマンの未来を憂え、日本人の「ハコモノ信仰」の限界をこのように指摘した。

「東日本大震災の影響で一時売れなくなったタワーマンションですが、そのあとディベロッパーも免震構造や非常用発電機など『安全・安心』を売りにして、ふたたび売れるようになりました。また、二〇一三年に東京での五輪開催が決まってからは、会場になる湾岸地区が中国・香港などの投資家から注目されて、価格が上がっています」

不動産経済研究所のデータによれば、階層二十階以上のマンションの戸数は約九万戸になる。建築のピークは二〇〇九年。東日本大震災で急激に落ち込むが、二〇一五年は前年比で約二倍にもなっている。

しかし、と牧野氏は言う。

「日本人は、建物を信じ過ぎです。私は不動産の仕事をしていて、新築もたくさん見てきました。そこでわかったのは、建物は、壊れるもの、瑕疵《かし》のあるものということ。日本の消費者は建物は完璧につくられていると勘違いをしています。仮に完璧につくっても、建物は二十年、三十年経てば劣化します。不動産を買うなら、土地に重きを置いて買うべきです。土地は古くなりません。ところが、多くのタワーマンションでは、価格のほとんどが建物代で占められています。新築でキラキラしているときに買うと、ローンが終わる四十年後にはボロボロになっていてもおかしくない」

土地は古くならない。土地には歴史が刻まれているからだ、と牧野氏は言葉を継ぐ。

「東京では、地盤のいい場所は西に多い。たとえば、千代田区の番町や、文京区の小石川などです。江戸時代から地震があっても耐えてきた土地ですよ。そうした高級住宅地には、歴史が積み重ねてきた圧倒的な事実があるんです」

江戸時代は海だった湾岸地区に、土地の記憶はあり得ない。それを埋め立てて陸地を広げ、タワーを建てまくっているのである。

「日本の都市計画は、相変わらず『ハード優先』。まず、ハコモノをつくってから、住む人を探す。オフィスビルを計画すると、竣工一年まえになってあわててテナントを探しはじめる。誰のために建てるのかという発想がない。新築は売れるという〝信仰〟が、建築業界を支えているんです。僕は、マンションを選ぶときは、土地に目を向けてほしい。地域社会全体でマンションの価値を高めているような土地を選ぶべきだと思うから。タワマンもひとつの街みたいなものです。しかし、残念ながら年々劣化していく街なのです」

遠く大地から離れて

〈思えば、私たちはほんとうに遠く大地から離れてしまったのだ〉

このように記したのは、作家で評論家の松山巖であった。『住み家殺人事件』（みすず書房）という本に出てくる。タイトルはいかにもミステリー小説を思わせるけれども、立派な建築論、都市論なのである。松山さんは面白い人で、東京芸大の建築科を出ているのに、ついに建築家にはならなかった。

「東京には、どこにも建築がなかった。建設ばかりになっちゃったから」

などと、おっしゃる。

建築とは「思想」、建設とは「効率」のことか、と私は勝手に解釈している。

この本が出た頃（平成十六年）、松山さんは、虎ノ門にほど近い愛宕の生家の一戸建てで暮らしていた。いまはこの一文同様、六本木のマンションの十二階で暮らしている。そこへ二度、私は遊びに行かせてもらった。ご本人は「こんな高い所、いやだよ」と不満なのである。いま生家のあった所は、森ビルによって再開発がすすんでいる。愛宕山の麓、虎ノ門ヒルズを囲むように、地上三十六階のオフィスビルと五十六階建ての住宅棟、さらに五十二階建ての虎ノ門ヒルズと同規模のビルが建とうとしているのだ。

〈木々もなく、葉を揺らす風もなく、雨もなく、土の匂いもない。代わりにあるものはつねに一定に保たれた照明、温度、ハイスピードで昇降するエレベーター。そしてつねに稼働しているコンピューター。（中略）人間たちは機械と機械との隙間に寄生しているにすぎない〉

そのように書いた「箱」のなかに、ご自身ではいってしまうことになろうとは――。

私は一緒に愛宕界隈を歩いてもらう約束をしていたので、松山さん宅を訪ねた。周囲は二十階建てのこの人のマンションよりも図抜けて高いタワーマンションとビルばかり。瀟洒なマンションの脇の緑道を歩き抜け、虎ノ門五丁目の小さな商店街にはいると、正面に虎ノ門ヒルズが白金の光を放っている。

「子どもの頃はね、いま住んでるマンションのあたりに昆虫採集に来ていたんだ。そういう閑《のど》かなところだったんだよ。スラムもあったんだ」

と、松山さんは問わず語りに言う。昭和二十年生まれである。

「そもそも東京は関東大震災をさかいに変わったんだ。幅の広い道路をつくるんで、寺をたくさん移転させた。寺は地域の檀家の人たちが相談に集まる場所だったのに、寺が遠くへ行っちゃったんで、コミュニティが破壊されてしまった。それでも戦前までは百尺規制といって、ビルを建てる場合は三十三メートルまでという決まりがあったんだ。旧丸ビルなんかがそのいい例でさ、屋上でバレーボールなんかしながら、隣りのビルの屋上で同じように楽しんでる人たちに手を振ったりしていた。だから皇居前に建った海上火災ビルは大問題になったんだ。皇居を見下ろすようなビルだったからね」

私たちは森ビルがつくった愛宕グリーンヒルズを過ぎ、愛宕山への急な石段を左に見送って、細い路地にはいる。すると不意に家並みが消えて、緑色のフェンスに囲まれた空き地があらわれた。

「ここが、おれの家――」

松山さんが右側の更地を指さす。そして路地をはさんで反対側を見て、

「こっちが石置き場だったんだ」

お父様は石工だったのである。

ぎらぎらと乱反射する光が、顔の上をとびまわっている。虎ノ門ヒルズのタワーが、私たちを見下ろしている。

「ここに建つんですね」

「そうなんだよ」

「愛宕山のぎりぎりのきわまで、再開発されるわけですねえ」

冷たい光を放つ巨大な箱の足もとに、愛宕山が小さくうずくまっている。完成したときの景観を想像して、私は寒くなった。二百五十メートルを超えるとてつもないタワーを建てようとするなら、これほどにも広大な土地を人びとから手に入れなければならないのか。まだ建ったままの人家やビルがいくつもあるが、どれもこれから解体される運命にある。

「ヨーロッパはほとんど地震がないのに、こんな高い建物なんてないじゃない。あれは教会より高いものはつくらないという不文律があるからさ」

と、松山さんがつづける。

「教会は何代もまえの先祖までたどれる名簿を保管してくれてるだろう。だけど京都じゃ、五重塔よりも高いビルを建てはじめちゃった。法律を改正してね。皇居を見下ろすビルが建って大騒動になったと思ったら、いまじゃまわりをぐるりとタワーに囲まれてる」

広めの道路に出てみると、寺がいくつか残っていた。琵琶職人の小さな家があり、仕事中の年老いた夫をじっと隣りから正座姿で見つめる老婦人の姿が目にはいってきたとき、ああ、この町は江戸らしい風物をわりと最近まで筋ごとに残してきた町だったのだな、と思った。愛宕の周辺は、芝の増上寺を支えた職人が住む町だったのだ。

際限ない人間の欲望

私は何年かまえ、あるテレビ局のドキュメンタリー番組で、東京で大規模な再開発を推しすすめている不動産ディベロッパー会社の社長が、ヘリコプターの窓から地上を眺めやりながら、自分たちのビルで東京じゅうを埋め尽くしたいと語るのを聞いて、びっくりしたことがある。では、と、この社長に尋ねてみたいものだ。

ここはあなたのふるさとではなかったのか。あなたと同じ地べたの上、空の下で、同じ町内会の人たちが立ち話をしたり、夏の夕暮れどき、軒先に床机を出して夕涼みをしていた。神社の境内では子どもらが歓声をあげて跳びまわっていた。彼らはどこへ行ってしまったのか。あなたはどこへ連れ去ってしまったのか？

高度な利便性、効率化、安全や清潔を追求した結果、都市空間は極端に人工的な機械と化してしまった。人びとはその冷たく無機質な空間のなかで楽しんでいるかのように見えはするが、実のところ、彼らは「収容」されているのだ。天地との身を揺すぶるような交感。一瞬の本能の覚醒。いずれ死すべき運命にある人間は宇宙や自然の隷属物にすぎないという、謙虚で、それでいながら歓喜に満ちた直観的な体験。そうした霊性を人間から奪い去ろうとする現代の都市空間は、人間だけを特別視し、みずからの快適さのみを至上の目的として追求しつづけてきた近代主義の極致の姿であろう。

「さて、虎ノ門ヒルズに行ってみるか」

と、松山さんが言う。

私たちはその箱を正面から見上げる。開高健よ、あなたは五十三年後のこのような東京を夢見たのか？

ゴジラでさえ破壊しなかった皇居の周囲におびただしいタワーがぐるりと建ちならぶのは、ついに人間から礼節が失われたことの証左であろう。ゴジラが一歩も立ち入ろうとしなかったのは、不敬とかどうとかいうのではなく、そこに大いなる自然がひろがっていたからである。
際限ない人間の欲望が生み出した卒塔婆の群れよ、と私は思う。願わくは、故郷喪失の悲しみに涙せよ。

高山文彦（たかやま　ふみひこ）作家。一九五八年宮崎県生まれ。『火花　北条民雄の生涯』で大宅壮一ノンフィクション賞を受賞。他の著書に『エレクトラ　中上健次の生涯』、『宿命の子　笹川一族の神話』、『ふたり　皇后美智子と石牟礼道子』などがある。

保育園反対を叫ぶ人たち

待機児童は増え、住民は不寛容になった

森　健

建設が中止になった保育園予定地

東急池上線の雪が谷大塚駅を出て西北方向に歩く。北に世田谷区奥沢、西に大田区田園調布という閑静な住宅地・世田谷区東玉川。周囲は比較的広い敷地の戸建てが多く、歩いている人はあまり見かけない。

十分ほど歩くと、周辺の穏やかさと対照的な黄色い横断幕が目に入る。

〈開設反対!! 住環境の破壊!〉

穏やかとは言えない表現だが、住民が建設に反対しているのは、さほど危険なものではない。保育園だ。

〈危ない三叉路、坂道、一方通行、ここは保育園には向いていません〉

そんな文字も横断幕には添えられている。この地区では、二〇一五年来、保育園の建設を巡って住民による反対運動が起こっていた。

もともとここにあったのは、防衛省の宿舎だ。国家公務員宿舎削減計画の中、更地になった土地は五二六平米。一四年十二月、世田谷区はこのまとまった土地を活かすため、保育園を整備することにした。計画したのは定員六十人という中規模の認可保育園で、一七年四月の開園を目指した。

だが、住民説明会を開いたところ、周辺住民から「開設反対」の声があがった。地域住民の女性は、一部に強硬な反対論があったものの、当初は全員が反対というわけではなかったと語る。

「最初は『住民の声を聞かずに進めるのはおかしい』という程度でした。ところが説明会を重ねるごとに『保育園をつくると、地価が下落する』『毎日のお迎えで自転車の交通量が多くなると危険だ』『騒音がうるさい』と反対派が増えていったように思います」

行政は説明会を重ねたが、その後も開設は合意に至らず、現場には更地が広がっていた。雑草が生い茂った敷地の中にも〈開設反対!!〉という黄色い横断幕が張られていた。

つくっても足りない

子どもにとって受難の時代――。そう感じざるを得ない。各地で保育園の開設中止が相次いでいる。

この数年で保育園の開設「延長」や「中止」が起きた地域は、世田谷区、目黒区、中野区、杉並区、調布市(以上すべて東京都)、千葉県市川市など、住宅地として人気の土地ばかりだ。同時に、それらの土地は待機児童が多い町でもある。

待機児童とは、入所申請したにもかかわらず保育園に入れない児童のことで、最新の数字では、日本最多の世田谷区で千百九十八人を筆頭に東京都だけで八千四百六十六人、日本全国で二万三千百六十七人。それだけの児童が、入りたくとも保育園に入れていないとされていた。

自治体も手をこまねいているわけではない。東京都の場合、〇六年に十七万人だった認可保育園と認証保育園の定員枠は一五年には二十四万人と大幅に拡大している。

それでも待機児童の数は減っていない。子どもを産んだあとも働き続けたいと望む女性が増えたことに加え、平均給与は一九九七年を境に下がり続けるなど経済環境も悪化。共働きを選ばざるを得ない家庭も多い。女性は子どもを保育園に預け、働き続けることが当たり前になってきている。そのため、保育園はつくってもつくっても足りない。

にもかかわらず、保育園がつくられようとすると、それに反対する人たちがいる。反対しているのはどんな人たちで、なぜその人たちは反対しているのだろうか。

前述の東玉川の物件から西北に二キロほど歩くと、もうひとつ揉めている土地がある。世田谷区玉川田園調布。環状八号線という環状道路からすぐ東側に入ったところにある八四〇平米ほどの土地だ。ここでも東玉川と同時期に建設反対運動が起きていた。

運営事業者が土地を確保し、世田谷区に保育園開設を提案。一六年四月の開園を目指した。八四〇平米という広さがあり、土地の所有者自身も保育園での活用に前向きでもあった。ところが、建設計画がわかった途端、反発の声が沸き起こった。

予定地の前の道路は幅五メートルほどのやや下り坂だが、この道に対して「朝夕の送り迎えで自転車が押し寄せては危ない」「坂道で母子の通園には向かない」という声が寄せられた。

周辺住民の一人は、苦情が出るのは予想がついたことと語る。

「お屋敷が多いあの地区は昔からプライドが高いんです。玉川田園調布住環境協議会という自治会があり、そこで承認されないと、植栽から何から進まない。保育園に反対したのもその協議会の人たちが中心でした。それも当然の話で、協議会に加盟しているのは、年齢も暮らし向きも保育園には縁がない人たちばかり。保育園に預ける母親の気持ちなど絶対わかりません」

この土地について尋ねようと、世田谷区の子ども・若者部の担当課長を訪ねると、柔らかい口調ながら苦い表情で取材を拒否された。

「ようやく話が進みだしたところなんです。前に進めるためにも、しばらく手をつけないでいただけたら、というのが率直な気持ちです」

ここでニュースとなって刺激すると、まとまるものもまとまらなくなってしまうということだった。

そうした腫れ物に触れるような姿勢は、ほかの区でも経験した。

「たいへん申し訳ないのですが、取材には応じられません」

東急東横線都立大学駅から近い保育園に関して取材を申し込むと、目黒区の保育計画課の担当者もそう言って取材を拒否した。理由は世田谷と同じく、「ようやく動き出した事態を刺激したくない」というものだった。

もともと目黒区での保育園開園は難航していた。一五年度は六カ所の認可保育園を予定していたが、実際に新設できたのは二カ所。事業者を募ったものの賃貸物件を確保できなかったのが大きな理由だが、住民による反対で膠着していたのが、一五年四月に同区平町で予定されていた保育園だった。

予定地は鉄骨二階建ての小さな工場（三二〇平米）の跡地で、都立大学駅から徒歩で約七分。〇～五歳の定員六十人で開園が予定されていた。一四年十月に運営事業者も決まり、十一月に区報で入園募集を開始した。ところがその直後の十二月、運営会社は開園延期を発表した。周辺住民から二百二十人の反対署名が都に提出されたためだった。関係者は、不動産人気の高い地域らしい反対理由も目についたと振り返る。

「特徴的なのは地価でした。『この辺りは地価が高く、われわれは高い固定資産税を払っているのに、保育園などを我慢しなければいけないのはおかしい！』という。保育園と我慢の関係性がわからないので、再度尋ねるとその男性は『保育園ができたら地価が下がる。そうなったら保育園の責任だ！』と憤っていました」

だが、開設反対を含む多くの保育園トラブルを扱ってきたコンサルティング会社、株式会社アイギスの脇貴志代表によれば、これまで保育園によって地価が下がった例は確認されていないという。

開設反対派の女性からは、母親が幼い子どもを保育園に預けること自体おかしいという批判もあった。

「『家を守り、子どもを育てるのは母親の仕事でしょう』という意見。前時代すぎて驚きましたが頷いている人も少なくありませんでした」

そしてもっとも多かったのは、他の地域と同じく、騒音と道路事情を懸念する声だった。

「静かな住宅街なのに、子どもの声でうるさくなるのは困る」

「狭い道なので、朝や夕方のお母さんの送り迎えで危ない」

現地を訪れてみると、東側に接した道路は幅六メートルほどあるが、南側は車一台通るのがせいぜいの狭さ。ただし、都内ではこの程度の狭い道は珍しくないというのが正直な感想だった。

その後、運営法人と目黒区は住民と対話を継続。窓を二重サッシにして遮音性を高める、送迎できる道路を限定するなど歩み寄れる条件を提案していった結果、一年二カ月遅れでようやく開園にこぎつけた。

複数の開設反対案件を整理してみると、その理由はおもに二点に集約できた。「道路の狭さに伴う危険性」と「子どもたちによる騒音」である。いつからこんな苦情が出るようになったのか。

「保育園児がうるさい」

「保育園反対問題にはその萌芽と言えるものがあります。十年くらい前に起きた、公園の騒音問題です」

横浜市立大学の三輪律江《のりえ》准教授はそう語る。保育とまちづくりの研究を手掛ける自身の経験として、〇七年頃に変化を感じたという。

その頃、三輪准教授のもとに保育園などを運営する子育て支援のＮＰＯから、保育園活動において公園を地域の人たちとどう共有して使うかという相談が寄せられた。

それを受けて、横浜市全域の保育園を対象に、近隣の公園をどう使っているかアンケート調査を行なったところ、一部の園では公園で遊ぶ保育園児がうるさいという苦情が地域から寄せられていることがわかった。

「子どもですから、遊んで声を出すのは自然なことです。なぜ批判が上がるのかよく調べてみると、その地域では、子どもを持つ家庭が減ってしまっていたのです。そのせいで、子どもの声がよりうるさく感じられるようになっていたと思われます」

新聞記事を検索してみると、たしかに保育園の騒音問題が登場するのも同じ〇七年だった。

〈愛知県の男性（79）は、自宅から約五メートルの道路を挟んで真向かいにある保育園からの音に悩んでいる。高血圧の妻と二人暮らし。園児数が増えた今年四月以降、太鼓の音や運動会の練習の声が気になるようになり、園に抗議したが、聞き入れてもらえなかったという〉（朝日新聞、〇七年十一月十七日）

この記事より前の保育園問題と言えば、周囲の排気ガスによる園児の健康被害の懸念といった保育園の環境をめぐる問題が多かった。だが、前掲の記事では保育園自体がうるさくて迷惑と感じる人が現われてくる。この時期に社会の側で変化が起きたことが見てとれる。

一二年八月には、世田谷区の保坂展人区長がネットで呟いた言葉が話題となった。〈役所に寄せられるクレームの中で、『保育園で子どもたちの声がうるさい』というものがあり、対応に苦慮している〉〈防音壁をつくったり、子どもを園庭に出さないということも起きている〉（いずれもツイッター）

これらの投稿はネットで二千回以上リツイート（再紹介）されただけでなく、朝日新聞などでも取り上げられた。これだけ広く認識されたのは、保育園を排除するという従来考えられなかった主張への驚きが大きかったためだろう。

だが、現実には、その時点で保育園開設反対という動きは少しずつ始まっていた。

埼玉県さいたま市では、一一年春に開設が予定されていた保育園が住民の反対で白紙になったかと思うと、一三年夏にも別の保育園計画が住民の反対で撤回された。

一二年夏には練馬区、一四年には神戸で、保育園の声がうるさいと騒音による訴訟まで起きている。開設反対の動きは神戸が〇六年、練馬が〇七年と報道で明らかになり、年月を経る中で亀裂が深まっていった。

こうした反対運動の広まりを懸念して、一五年四月、東京都は騒音を規制する環境確保条例から子どもの声を対象外とすると定めた。〈乳幼児にとって、成長過程において遊びは欠かせず、楽しく身体を動かし声を出せる環境を社会全体で確保する必要がある〉

多くの場合、どんな音も四十五デシベル以上は規制されるが（五十デシベルは家庭用エアコンの室外機ぐらいの音）、次第に高まる子どもの声への苦情に対して、都は児童福祉法や子ども・子育て支援法（一二年成立）を根拠に、子どもの声は騒音ではないと先手を打ったのである。

だが、この条例で直ちに騒音問題がなくなったわけではない。毎日新聞によると、一二年度以降、騒音も含む苦情により保育園開設を断念したケースは全国で「少なくとも十一件」まで増えてきている。

では、ここまで保育園開設に反対する人たちとはどんな人なのか。

調べてみると、過去の事例でも、目下進行中の事例でも、各地でたいてい共通していたのは、声を挙げている人の多くが七十代以上の高齢者だという点だった。

子どもに不慣れな高齢者

「親には心地よい子どもの声も、毎日聞かされる他人にとっては大変な苦痛だ」（毎日新聞）

一四年に神戸市で近隣の保育園に訴訟を起こしたのも七十代の男性だった。報道によれば、男性は三十数年同じ場所に住み、自身も三人の子育てをしてきた。だが、保育園が開設して八年目になって「騒音がひどい」と提訴するに至った。

一五年から一六年にかけて保育園開設で「中止」「延期」一件ずつを出した調布市でも、尋ねてみると市の担当者は反対運動の中心層は七十代ぐらいの高齢者だったと答えた。「反対したのは十人ほど。全員と言うと語弊があるかもしれませんが、だいたいそれぐらいの年代でした」

一六年四月に認可保育園の開園を予定しつつも、前年十二月に中止を決めた同市深大寺元町の案件。同年十月に都から承認が下りると、市はすぐに現場に建設計画を貼りだした。すると、住民から反対の声が寄せられた。時間をおかず運営法人と市の職員が近隣住民に対して戸別訪問を行ったが、反応は芳しくなかった。

「住民の方としては、『やり方がおかしい』という反発が強かった」

この深大寺元町では周辺には長く保育施設が存在してこなかった。そのため児童に対して感覚的に不慣れだった面はあるかもしれないと担当者は好意的に解釈する。

このまま交渉を続けてもうまくいかないだろうと運営法人側が判断したのは、わずか二カ月後。十二月には建設中止が決まった。担当者は言う。

「当該地域は人の出入りが多くない住宅街で、長く住んできた高齢者が多い。そんな人たちからすると、保育園がどういうものかもわからず敬遠したかったのかもしれません」

わからないから拒否する――。

この感覚は運営法人側らの実感とも重なる。関東と関西で計十七園を運営する株式会社ブロッサムの西尾義隆代表が言う。

「高齢者の反対には、無理もない事情もあります。なぜならお年寄りの多くは、いまの保育園がどういうものかをよく知らないのです」

たとえばと西尾氏が例を挙げる。定員が百二十人と聞く。すると高齢者の多くは、朝夕の送迎時、母親と子どもの総計二百四十人が一斉に保育園の前を通ると考えてしまう。

「二百四十人の親子が一気に押しかけたら、確かにおそろしいかもしれません。でも、保育園では朝早い人は七時、遅い人は九時など登園時間はバラバラです。また、働く母親は忙しいので、園の前で長々お喋りもしないのでうるさくもない。高齢者の方は、そうした基本的な保育園事情をご存知ないので、保育園ができると聞くと、不安から反対してしまうのです」

また、保育園では園児が四六時中外で遊んだり、泣いたり、叫んだりするイメージを高齢者の多くが持つという。だが、実態は異なる。どこの保育園も園庭で遊ばせるのは、午前も午後も一〜二時間にすぎず、それ以外は屋内で過ごすのが一般的だ。しかし、こうした活動実態も知られていないと西尾氏はため息をつく。

「『未知なるものがやってくる』と曖昧なイメージで怖れ、反発しているのです」

知識の欠如とは別の事情もある。前出の三輪准教授は社会の変化を指摘する。

「前提として、子どもの数は多かった時期に比べて半数近くに減り、日頃子どもに慣れ親しんでいない方が増えた。ご自身にお子さんがいたとしても、巣立って長くなれば、子どもとはどういうものか忘れてしまいます」

くわえて、日本の首都圏郊外はまとまった宅地開発と住宅販売で新婚や子育て世代が一斉に家を買い求めるという関係から、同じ世代でかたまって住んでいる地域が少なくない。そんな地域が長い時間を経ると、いつしか高齢者だけになっている。

「いまの日本にはそんな地域が増え、家にいる時間が長い高齢者も増えた。そこに見知らぬ子どもの声が響くと、耳障りに聞こえる可能性があります」

一五年四月、公園の敷地の一部を利用して開園した中野区の保育園の前では騒音反対を掲げる看板が並んだ。

〈子供の声が騒音になり、悩まされている高齢者がいます〉

掲げたのは近くに住む八十代の女性だった。報道によれば、女性は以前は通学中の子どものために交通整理もしたこともあるというが、その時点では「子供の声が耳障りになった」と話していた（産経新聞、一五年九月四日）。

放送大学の研究によると、耳が遠くなる高齢者は、音量が一定のレベルを超すと急にうるさく感じるという。高齢者が音に抱く違和感も、やむを得ないのかもしれない。

一方で、前出のアイギスの脇代表は、高齢者の不平には実体がないことも多いと指摘する。

「たとえばある都内城南地区。保育園開設にともなって、地域で反対する高齢者たちと度重なる激論を交わし、保育園側と住民側の連絡を密にするため連絡協議会をつくった。ところが保育園が開設されてみると、一度も連絡協議会が開かれない。反対運動を通じてコミュニティが仲良くなり、連絡協議会は必要なくなっていた。保育園は彼らにとって話のネタにすぎなかったのです」

こうして事情を聞いていくと、保育園がつくられない元凶として高齢者ばかりが悪いように思えてくる。では、高齢者を一括りに断罪するような結論でよいのだろうか。

地域をあらためて回ってみると、真の要因が浮かび上がってきた。

無視できない「大きな声」

「お子さんを持つ方には悪かったかもしれませんが、ここでつくったとしても、あまり保育園には向かなかったと思いますよ」

保育園の開園予定地だった通りを歩いていた壮年女性に撤退の感想を尋ねると、彼女はこの地に保育園ができなかったことが子育て世代にもよかったかのような口調で答えた。

「なぜって、このあたりはあまり若い人がいないから。若い人は若い人のところで子育てしたほうがいいと思いますよ。お互いに。私たちもなくなってよかったと思っています」

東京の東端に隣接する千葉県市川市。待機児童数が全国でワースト九位だ。この地でおきた保育園開設中止の一件には、なぜ各地で計画が頓挫するのかという背景につながるヒントが含まれていた。

「あの一件はわれわれ行政としてもたいへんショックでした」

同市こども政策部を訪ねると、担当課長は苦い表情を浮かべた。保育園の予定地は市中心部から北へ約二キロ。周囲一帯に戸建てが立ち並ぶ静かな住宅街だ。

この地に、一五年三月に保育園建設の申請が出された。市が八月に事前公開板を設置すると、運営法人は周囲一帯を訪ね、対面で挨拶回りをした。その時には反対意見もなく、そのまま進むと思われた。

しかし、異変がおきた。六日後、「近隣に住む」という七十代の男性が市役所を訪れ、大きな声で抗議をしはじめた。「こんな保育園など許せない」「道幅が狭い」「あの一帯は静かな地域であり、われわれには静かに暮らす権利がある」。そう声高にまくしたてた。

担当課と運営法人は驚きつつも、まずは抗議の声に耳を傾けた。すぐに近隣住民を再度戸別訪問し、どういう建物になる予定か、保育園とはどんな施設かを説明して回った。この時点でもまだ、周囲の反対は強くなかった。

「担当課も運営法人も、時間をかければ、防音壁や二重サッシといった設備や運営の方法などの条件交渉で歩み寄れると考えていました」

だが一ヵ月後の住民説明会では雰囲気が一変していた。住民側は条件交渉にはまったく応じず、行政の手続きの不備や道路の狭さなどを根拠に、全面的な「白紙撤回」を要求。「住民の総意」という反対署名までつくられていた。

そこから後は平行線だった。十二月に二回、翌一六年二月に説明会や意見交換会の場をもったものの、話は一向に進まない。結果、年度末を迎える三月末をもって計画は断念、開設中止が決定された。

もちろんそれが住民の本心からの合意であれば、仕方のないことだろう。だが、騒動の経緯を知る人物によれば、最初の抗議男性の存在が大きかったという。男性は開設反対を周囲に広げるべく、署名運動を始めていたのである。

「当初はそれほど反対ではなかった周辺の意見が、一ヵ月後にははっきり反対に振れていた。それには署名というやり方が大きかった」

地域に長く暮らす住民にとって、直接依頼される署名を断るのは簡単ではない。とくに押しの強い相手であれば、署名の依頼は無言の圧力とも受け取れる。余計な揉めごとや面倒は避けようと、反対署名が集まったとも考えられる。意見が大きく傾いた背景には、声高な人物の存在があった。

前述の関係者は、この騒動にはもう一点、やや不可解な点もあると言い添えた。

「この男性が住んでいた家は、予定地の隣接地でも、道の反対側でもなかった。つまり、近隣ではあるが、保育園建設の諾否に関わる当事者ではなかったのです」

こうした事情を聞くと、その男性にも話を聞かねばならない。あらためて現地に行き、男性のもとを訪ねた。現れたのは、浅黒で恰幅がよい七十代の男性だった。彼は、「もう済んだ話」としつつ、保育園はここでは無理な話でしたよと振り返った。

「軽自動車が通れるかという三メートルの道幅に、朝晩二百人以上の人が来たらどうなる？　危なくて、大変。話になりませんよ」

——反対運動を主導された？

「最初は私が役所に行った。けど、最後まではやってないですよ。この辺みんな、ダメだと思ってたと思う」

そして、こんなに静かな住環境なのに銀座まで電車で二十分と、こんなに便利な土地はないと熱弁をふるった。

――子どもが苦手ですか。

「チビは好きだよ。ときどき近くの小学校を見に行くぐらい。だけど、ここではダメだ。うるさくて。この近くの保育園も周囲に家なんかない」

――でも、保育園を求める親もいます。待機児童問題はご存知ですか。

「知ってますよ。でも、待機児童なんて言う前に、三歳までは母親が面倒みるもんですよ。ソニーの故・井深大さんが言ったように、子育ては最初の三年が肝心なんです。それを保育園に預けるなんてことをするから、子どももおかしくなる。女の人が働かなくてもいいように、男がカネを稼がないからいけないんだ。あなたはそれだけやっているのか」

現代の雇用事情を説明しても、男性はそんなことないとまったく受け付けず、若い層がだらしないという意見を変えることはなかった。そのうち、石原慎太郎の著書を読んでないと話にならないと唐突に持論を述べ始め、主張が強いところは自然と声音も上がった。

――待機児童のために、歩み寄れる余地はなかったですか。

「近くに子どもの親がいたら違ったかもしれないが……。でも、行政があんな段取りじゃダメだったね」

三十分あまり話す中、こちらは保育園とは関係のない、仕事の説教までされる羽目にもなった。ただ、この声の大きさなら、地域の人たちが意見を変えても不思議ではない圧力も感じることはできた。

世田谷の東玉川や玉川田園調布、目黒区、調布市などほかの地区でも事情は似ていた。地元の有力者が住民説明会で大きな声をあげて反対を主張したり、二〜三人のキーマンが連携して周囲を巻き込んだり。当初は少数意見でも強い主張をもつ人が一人いると、オセロゲームのように大勢がひっくり返されてしまう。こうした圧力が働く地域社会で、保育園の必要性を押し通すのは難しいだろう。

では、どう対応すればよいのか。

本当に必要な施策は何か

今回取材で回った行政担当者はいずれも住民の声に耳を傾け、保育園に関する理解を深め、合意形成を図っていきたいと口にした。

だが、アイギスの脇代表は、昨今は行政が住民のクレームに耳を傾けすぎだと断じた。

「大きな声でクレームを言われると、つい対応しなければならないと思ってしまう。でもサイレント・マジョリティという言葉があるように、保育園開設は許容できるのが大半の市民感情です。ただ、賛成は声をあげないから、〝ない〟ものとして捉えられてしまう。住民の声に耳を傾ける姿勢自体はよいことですが、行政は本当に必要な施策を見極めることが大事だと思います」

なぜここまで、日本人は不寛容になってしまったのか。

考えてみれば、保育園開設の反対運動が起き始めたのは、ピークに達した日本の人口が減少に転じてからのことだ。同時にそれは、子どもが少なくなり、高齢者の比率が大幅に高まった事実を映し出してもいる。

経済感覚や権利意識の変化とも無縁ではないだろう。かつて――少なくとも四十〜五十年前は、子どもが空き地や私有地に入り込んで遊ぶことも珍しくなかった。アイギスの脇氏は、その変化を「私の拡大」という言葉で表現する。

「むかしは『公私』と言うとき、『公』の範囲はほぼ合意されていたと思います。ところがいつのまにか『私』が極端に肥大して、公の部分まで侵食するようになった。そのエゴが制限なく出てしまっているのが保育園反対ではないでしょうか」

解決策はないのか。その糸口を求めて、最後に、世田谷区太子堂で三十年以上前からまちづくり協議会を率いてきた八十五歳の梅津政之輔氏を訪ねた。梅津氏は地域における保育園開設問題をいち早く経験したうえ、それを滞りなく解決した実績があると複数から聞いていた。

下町の風情が残る三軒茶屋から徒歩五分。新旧の一戸建てやアパートなどが密集する地区を歩いていく。車一台がやっと通れるかという狭い道の先に梅津氏の家があった。

「これまでいくつも取材に答えてきたのですが、なかなか大事なところが伝えられていないのです」

住宅が密集する梅津氏の住む太子堂二丁目。ここで九三〇平米という土地が空き、保育園が開設されるという話が出たのは〇九年六月。当初はまちづくり協議会の合意のもと、公園にする予定の土地だった。住宅密集地の太子堂地区では、防災の観点から、空いた土地が出ると協議会が区に申請し、区が買い取って公園を整備する方式をとっていた。

「そこに区から一方的に保育園計画が持ちだされて、住民から反対の声があがった。おかしいではないかと」

そこから区と住民との長い協議が始まった。関連法にもとづいて整備計画の説明を求めたり、他の土地での可能性を探ったり。一〜二カ月おきに議論し、妥協点と改善点を整理していった。設計図を引き直し、二重サッシなどの設備条件や非常時の避難場所利用などの条件も求めた。その結果、一〇年春に区と住民、運営法人で合意に達した。

この経緯は「保育園開設には地域との対話と合意形成が重要」として伝えられてきた。だが、梅津氏はそれはあまりに表面的だと言う。

「うちの協議会にも最後の最後まで『保育園開設は反対』と強硬に言い張る人がいた。問題は、その強硬な反対の人とどう対したかなのです」

参加者は全員が見知った顔であり、最後でまとまらなければ、住民同士でしこりを残す可能性もあった。

その状況で、どうしたのか。梅津氏は笑みを浮かべて、こう続けた。

「公益性を持ちだしたんです」

その時点で協議会が三十年の活動で得てきた公園の土地を一人あたりの面積で割り出すと、太子堂地区の公園面積はわずかだが世田谷区の平均値を超える値にまで達していた。そこで梅津氏は数字を根拠に反対する男性にこう尋ねたのだという。

「一人あたりの公園の面積で、区の平均値を超えることができた。それなのに子どもの保育を優先せず、まだ公園を求めるのは社会的理解が得られないのではないですか」

すると男性は反対意見を収め、協議会は全員の合意を認めたのである。そして一一年、

「太子堂なごみ保育園」は開園した。

未来を支えるのは子ども

「人はそれぞれ理想があるのだからエゴはあっていいのです」

梅津氏は経過を振り返ってそう言った。しかし、だからといってエゴを通せばいいわけでもないと続ける。

「少子化で子どもが減少する一方、年寄りは増え続ける。しかし、子どもが増えないことには、日本の未来はない。いまの日本が抱えるそうした社会的課題を理解したうえで、まちづくりをするなら、社会的な理解を得る必要がある。少なくともその目的よりエゴを押し出してはいけません」

そして一息つくと、突然こちらに打診した。

「そうだ。実際になごみ保育園、見てみませんか」

そう言うなり、梅津氏はなごみ保育園に連絡して案内してくれた。梅津氏の家から歩いて一〜二分。鉄筋コンクリート造の立派な建物で、周囲にはまったく音は漏れていない。

電子ロックされた玄関を通してもらうと、土曜の夕方という時間にもかかわらず、園内には二十人近い園児が預けられていた。

「なにしてんのー?」

二階には突然の闖入者に興味津々で近寄ってくる二歳児がおり、一階には絵本の読み聞かせで静かに集まっている年長児たちがいた。梅津氏はうれしそうに言う。

「年一回、ここの園児たちはうちの庭に遊びに来るんです。池にいるカエルを見にね。僕は『カエルのおじさん』と言われているんですよ」

園内を歩きながら、梅津氏はこう呟いた。

「保育園開設問題はまさに私たちの社会の未来に直接つながっているんですよ。この先、年寄りを支えていくのはこの子たちですからね。その子どもたちを健全に遊ばせたり、安心な環境をつくったりするのは、私たちの仕事ですから。そのためには、もっと地域で話し合わないといけないのだと思いますね」

高齢者が不平を言うことで保育園がつくれなくなっているが、問題解決の糸口をくれたのも八十五歳の高齢者だった。

だが、わからない問いも残った。誰もが自分の権利を主張する時代に、どうしたら寛容になれるのだろう。お迎えを待つ子どもたちを見ながら、悩ましい問いを考え続けていた。

森健（もり　けん）ジャーナリスト。一九六八年東京都生まれ。『「つなみ」の子どもたち作文に書かれなかった物語』で大宅壮一ノンフィクション賞を、『小倉昌男　祈りと経営ヤマト「宅急便の父」が闘っていたもの』で大宅壮一メモリアル日本ノンフィクション大賞と小学館ノンフィクション大賞を受賞。他の著書に『勤めないという生き方』、『ビッグデータ社会の希望と憂鬱』、『反動世代　日本の政治を取り戻す』などがある。

虐待と向き合う児相の葛藤

親と社会の板ばさみになる職員たち

稲泉連

足立区の児童相談所

日暮里・舎人《とねり》ライナーの「江北」駅を降り、車の往来が多い道を十分ほど歩く。道沿いの学校の近くで路地に入ると、それまでの喧騒が嘘のように辺りは静かになった。そんな閑静な町の一角に、目的地である赤レンガ風の二階建ての建物・東京都足立児童相談所はあった。

東京都には全部で十一の児童相談所があるが、そのなかで足立児童相談所は東部の足立区・葛飾区を管轄している。貧困や中高生の非行に端を発する相談、子供が三人以上いる多子家庭における虐待の事例が比較的目立つ地域だという。

施設内に入ってすぐ、ロビーの壁に並べて貼られていた子供たちの絵日記に目を引かれた。

〈今日、クリスマス会で一番面白かったことは、所長さんと係長さんがへんなおしばいをしたことです〉

〈チョコレートタワーを使ったましゅまろとかチョコバナナやチョコリンゴがおいしかったです〉

などの一枚一枚に、印象に残ったシーンが描かれている。

この相談所の二階には、小学生から高校生までの子供たちを預かる「一時保護所」がある。

相談所には虐待や養育の困難な家庭の子供に対して、所長による「職権保護」が認められている。例えば殴られた傷の痕や痣があり、虐待の疑いが濃厚な場合、彼らは子供を保護する。その上で家庭が子供を帰せる状態にあるかどうか、そうでなければ児童養護施設や里親の元へ行くかなど、両親との話し合いが始まる。子供たちは行き先が決まるまで、最長で二か月間をこの保護所で過ごすことになる。

ロビーに貼られていた絵日記は、そうして一時保護された子供たちの手によるものだった。全て前年のクリスマス会の模様で、所長と保護係長の二人羽織、中学生のハンドベル、小学生たちのダンス——と様々な催し物があったようだ。その日は食事も特別で、チョコレートフォンデュも楽しんだという。

「あの二人羽織はクリスマスに三年連続でやっているんです」

相談所の所長を務める大浦俊哉が、少しテレ臭そうに言った。

「着物を被って、私はからし一杯の蕎麦、係長はタバスコ入りのスパゲティを食べました。辛かったけれど、大盛り上がりだったんですよ」

世間から非難され

数多ある国や都の行政機関の中で、児童相談所は批判にさらされることの多い組織だろう。彼らの仕事は虐待死事件が起これば「児相はなぜ気づけなかったのか」と世間から非難され、一時保護をすれば「子供を拉致した」と保護者から詰《なじ》られる。そして当の子供たちもまた、ルールの厳しい一時保護所での日々を、後に嫌な思い出だったと振り返ることが多いのである。

児童相談所では所長を筆頭に、様々な相談に応じるケースワーカーである児童福祉司、子供たちの心理判定を行う児童心理司などが働いている。足立児童相談所には三十三名の児童福祉司がおり、社会福祉士、心理司やケアワーカー、調理職員がさらに三十二名、他にも精神科医や小児科医、弁護士、警察OBといった非常勤の職員がかかわっている。

その取り組みはメディアでもときおり報じられるが、多くは家庭での虐待の凄惨さや、児童相談所の抱える課題や問題を描いたものだ。この「ずばり東京」の依頼を受けたとき、私は彼らの仕事を「社会問題」としてではなく、東京で働く人々の日常の一コマとして書いてみたいと思った。そうして話を聞く中で出会った一人が、足立児童相談所の所長である大浦であった。

彼によれば近年、特に頭を悩ませているのは、夜間に警察官に保護されてやってくる子供が連日のようにいることだ。

すでに辺りが寝静まった深夜、大浦の公用の携帯電話には、夜間の虐待通告を受け付けている「東京都児童相談センター」（北新宿）から日常的に着信がある。そのほとんどが「一時保護よろしいですか?」というものだ。

センターの担当者から伝えられる内容は様々だ。

家から閉め出された本人が交番に来た、東京都の外からの家出、親との関係が上手くいかず、家庭内暴力を恐れた父親が家の戸を閉ざしている……。

「警察の方も一度は自宅に行って保護者と話したのですが、家には入れないと拒否されたそうです」

話を聞いて妥当と判断した場合、彼は所長権限で保護を許可するのである。

保護所での子供たちの一日は次のようなものだ。

6：45　起床と掃除
7：30　朝食

9：30　朝会、学習
11：45　昼食
13：30　運動
16：40　入浴
17：45　夕食
21：00　日記記入
21：30　就床

地域社会から「一時保護」という形で引きはがされた彼らは、学校に通うこともできないまま、しばらくこのような日課に従って暮らす。

だが、児相が通告を受けて子供を保護すると、保護者と激しい対立関係が生じることも当然ながら多い。話し合いが長引けば長引くほど、子供たちは宙ぶらりんの状況に置かれてしまう。先行きが分からないまま不安な日々を送るのは当の子供たちである。

「確かに彼らにしてみれば、全く自由なところから生活に制限のある保護所に来るわけですから、『保護所はきつかった』という感想は正直なところでしょう」と大浦は言った。

「でも、私としては、それでもいろんな多様な体験や成功体験を、一つでもいいからここにいる間にさせてあげたいんです。食育を取り入れたり、クリスマス会をしたりというのもその試行錯誤の一つでして」

ゴミの山の中に赤ちゃんが

大浦は一九七八年、十八歳で都庁へ事務職として入庁した。法政大学法学部の夜間部に通いながら、障害者の就労支援を行う福祉作業所に勤務。以後、児童養護施設の管理係や女性相談センターを経て、日野療護園の園長、立川児童相談所長といったキャリアを歩んできた。足立児童相談所長になったのは二〇一三年の四月からである。

「なんというか、ずっと社会の歪みの部分を見続けてきた、という思いがあります」

東京の児童相談所は、終戦直後の浮浪児対策に始まり、障害を持った子供たちと親への支援、一九八〇年代の非行少年・少女への対応と、都市における子供の課題を時代ごとに映し出してきた存在でもある。

大浦が都庁で働き始めた頃はまだ、十八歳未満の知的障害の判定（愛の手帳）、養育困難の家庭や不登校、非行などの相談を、やって来た保護者から受け付けるのが主たる仕事だった。

しかし、二〇〇〇年に児童虐待防止法が制定されて以来、彼らの仕事は近隣住民や警察、学校などからの「虐待通告」を受理し、積極的に家族への〝介入〟を行うものへと変わった。

日本社会が児童虐待という問題を「発見」したのは、一九九〇年代のことだと言われる。川崎二三彦著『児童虐待』によれば、児童虐待防止協会の発足と「子どもの虐待ホットライン」が開設されたのが一九九〇年。翌年には東京で「子どもの虐待防止センター」が設立され、電話での相談を受け付けるようになった。この時期から相談の中の「児童虐待」の割合は、年を追うごとに増していく。「虐待」の定義や社会の受け止め方が変化し、これまで見えなかった問題が可視化されたからである。

児童虐待防止法の改正の度にその傾向は加速し、いくつもの虐待死事件の報道も相まって、「虐待が疑われるケース」での通告も勧められるようになった。二〇〇〇年度は一九四〇件だった東京都の被虐待の相談受理件数は、二〇一五年度には一万六一九件と五倍以上になっていまも増え続けている。

彼らは厚労省の通達によって、通告があった際は四十八時間以内に子供の無事を確認する必要がある。東京都の市区町村には子ども家庭支援センターという相談機関もあるが、結局は多くの通告が児相に持ち込まれているのが現状だ。

足立児童相談所には二〇一五年度、一一九七件の虐待通告があった。

「前年度から虐待への対応に特化した『初動班』も作りましたが、増え続ける通告に職員の数が追い付いていません。昔のように子供というのは地域が見守るもので、児相は言葉通りの相談所という時代が懐かしいです」

と、大浦は話す。

隣近所で幼児の泣き声が聞こえるという「泣き声通告」、児童に傷や痣があるという学校からの連絡。夜間の置き去りや多子家庭における父親の暴力。子供の前での激しい夫婦喧嘩（面前DV）……。

ゴミの山の中に赤ちゃんがいて間違えば踏んづけてしまいそうな家があれば、動物の糞尿だらけの部屋に寝ている子供もいる。隣の部屋から泣き声が聞こえると言うので向かってみると、七、八歳の子供がベビーシッターのように幼児の世話をしていた例も一度や二度ではなかった。

「私たちも保護をしたくて保護をするわけではありません。なるべくなら、親のもとで育てさせたい。でも、その子の命が危険に晒されていると判断すれば、やはり一度は切り離して安全を確保し、保護者と話をしなければならない」

一時保護の現場では、「小さい子はかわいそうです」と、彼は続ける。

「子供が母親にしがみついているのを、引き離さないといけない時もあります。保護が必要な小さなお子さんの家庭は、普段から親御さんがいないことが多いので、我々が行くと彼らはかえって強くしがみつく。親に見捨てられたら困る、という気持ちが伝わってくるんです」

果たしていま一時保護を行うことが、その子にとって正しい選択なのかどうか。そんな迷いが心に生じる瞬間である。

大浦自身が今でも忘れられないのも、「職権保護」を初めて行使したときのことだ。

立川児童相談所長になったある日、病院から「三十代女性の飛び込み出産があり、父親が誰かも分からない。仕事は夜間の水商売で、退院後の養育の能力がない」という通告があった。病院へ行くと初乳を与えられたばかりの赤ん坊が、新生児室ですやすやと寝息を立てていた。

「このままでは家に帰すことはできません」

そう言って一時保護をする理由を説明すると、母親は泣き叫んで抵抗した。

だが、もっと複雑な気持ちになるのは、初めから「育てられない」と養子縁組に同意し、「早く連れて行ってください」と事もなげに言われる場合が多いことだ。母親にもそうせざるを得ない理由があることを理解してなお、「こんなに簡単に……」という思いを当時は抱かざるを得なかった。

三歳の次男がいない

そんななか、現在の足立児童相談所でとりわけ意識されているのは、多子家庭で虐待が疑われるケースについて、「兄弟姉妹を一人ずつではなく、必ず全員が揃っている状態で確認する」という原則だ。その背景として重くのし掛かっているのが、二〇一四年に発覚した通称「うさぎケージ事件」である。

以下は二〇一五年四月に両親が再逮捕された際の共同通信の記事——。

〈男児不明で両親再逮捕へ、足立区　遺体未発見も死体遺棄容疑

警視庁捜査1課は27日、2年前に3歳で行方不明になった東京都足立区の男児を虐待し死亡させたなどとして、監禁致死と死体遺棄の疑いで、父親のA容疑者（31、注：記事中

は本名）＝傷害罪などで服役中＝と、妻（28）を近く再逮捕する方針を固めた。男児の遺体は見つかっていない。（中略）

捜査関係者によると、男児は次男。両親は２０１３年３月ごろ、足立区の自宅で当時３歳だった次男をペット用のケージに監禁して死亡させ、遺体を遺棄した疑いが持たれている。ケージは内側から開けられないようになっていた。

A容疑者は昨年12月、次男の死亡を隠して生活保護や児童手当を詐取したほか、次女の顔を殴り負傷させたなどとして実刑判決を受けた。

児童相談所の職員が自宅を訪ねた際には、マネキンを使って次男が生きているように偽装していた〉

大浦はこの事件が発覚する一年前の二〇一三年四月に足立児童相談所の所長になった。後に分かることだが、三歳の次男が亡くなったとされる一か月後である。

「それは私たちにとって痛恨の出来事でした。なぜ、次男がいないことに気付けなかったのか。もっと早い時期に、子供全員を並べてでも確認すべきだった、と」

足立児童相談所がA宅の五人の子供たち全員を最後に確認したのは二〇一三年二月。Aの家族は都外から足立区に引っ越してきたケースで、虐待やネグレクトの発生を注意すべき家庭として、それまでも面接や訪問を繰り返すと同時に、福祉事務所などの関係機関が関与してきた。

事件発覚のきっかけとなったのは二〇一四年五月、長女の通う小学校からの「きょうだいが一人、いなくなっているのではないか」との通告だった。

教師の話によると、長女に「家族の名前をぜんぶ教えて?」と聞いたところ、次男の名前が出てこない。不審に思って「もう一人いたよね」と聞いても、「いないよ」とどうしても言いたがらなかったという。

「何かがその子にあって、名前を出してはいけない、と親に言われているのではないか」

担当の児童福祉司たちはすぐに立ち入り調査を実施したが、母親の体調不良を理由にアパートの部屋の電気は落とされ、カーテンを閉め切ったままで子供たちの確認が行われてしまった(このとき、布団に入ったままの子供たちを「頭の数で確認した」が、そのうちの一人がマネキンであったことが逮捕後に判明する。そのことで足立児相の対応を批判する声もあった)。

大浦は確実に確認するよう再び指示したが、その日程調整中に「児相が来るので子供を貸して欲しいとAから言われた」との通告が近隣住民からあり、裁判所の許可で強制的に自宅に立ち入る「臨検捜索」を行ったのである。

だが、警察や福祉事務所の職員などを含めた約二十名態勢でA宅を訪れると、アパートはすでにもぬけの殻だった。誰もいない乱雑な部屋には、ペットとして飼われていた小鳥が一羽、籠に残されていた。

部屋からはテレビやエアコンなどの電気製品が持ち出されており、児相のマークを外すために生活の場を移したのは明らかだった。

両親が再逮捕されてから、荒川の河川敷でケージが発見された時のことだ。「こんなに小さいのか」と大浦は思わず絶句したと振り返る。

過去に子供を箱やビニール袋に入れていた事例は知っていた。しかし、ペット用のケージはさすがに初めてだった。多くの悲惨な虐待の現場を目にしてきた彼らにとっても、それは言葉を失う事態であった。

「お子さんが身を屈めないととても入れないような大きさでね。下手すると窒息死を起こす可能性があるようなものでしたから……」

次男の遺体は今もまだ見つからないままだ。

両親が再逮捕され、裁判で判決を受けた現在も、児童相談所にとってこのケースは終わったわけではない。

残された子供たちを保護し、児童養護施設などの受け入れ先が決まってからも、末っ子が十八歳（児童福祉法で定められた年齢）になるまで、その家族との関係が続いていくからである。また、一人の命がなぜ失われたのかを、彼らは問い続けなければならない立場でもある。

担当の児童福祉司は両親の裁判を傍聴し、彼らがどんな表情で、何を語ったかを記録した。それは刑期を終えた二人が出所してから、施設にいる子供たちとどのような関係性を再び結び得るかを考える際の資料となる。

「たとえ保護者に子供たちを帰せなくても、彼らが成人を迎えたとき、きちんと起こった事実を伝える役割が私たちにはある。その意味で、私たちにとってあの事件はまだ、何も解決していないとも言えるのです」

都心を挟んで八王子へ

都内に十一か所ある児童相談所は、管轄する地域によって抱える問題の傾向も異なる。

大浦が所長を務める足立児童相談所とは対照的に、例えば港区、中央区、新宿区といった都心部を所管する「児童相談センター」では、少年・少女の家出、タワーマンションの多い地区での受験をめぐる家庭内トラブルも多いという。また、西側の地域では山梨や神奈川など他県の児童相談所で問題になっていた家庭の「流入」が目立つなど、相談の内容は様々だ。

足立児童相談所で話を聞いた後、私は都心を挟んでその西側にある八王子児童相談所を訪れた。八王子市や日野市を管轄する相談所だ。

JR中央本線の「西八王子」駅を降り、町の中心部から離れること二十分。冷たい空っ風に吹かれながら歩くと、運動場を備えた広大な富士森公園が左手に見えてくる。その反対側の小高い丘を登り切った先、多摩丘陵の住宅地が遠くまで見渡せる市の教育センターの隣に、八王子児童相談所の小さな建物はあった。

その日の相談所内はいつもより賑やかだった。ハンディキャップのある子と母親が相談室を出入りし、受付ではこれから帰る幼児を職員があやしている。ロビーにこだまする彼らの笑い声が、普段はどこか殺伐としている相談所の雰囲気を和らげていた。

「今日は愛の手帳の判定日でしてね。あと、一時保護所の子の面接もあったのでお客さんが多いんです。近年の我々の仕事は外に出ていくことが主なので、めずらしい日かもしれません」

所長の辰田雄一がにこやかに言った。

事務職として東京都庁に就職した大浦に対し、福祉職採用の辰田は一九八八年の入庁と一回り若い。

大学の福祉学科を卒業後、千葉県館山市にあった児童養護施設・東京都那古学園の職員などを経て、二〇〇四年に児童福祉司に。立川児童相談所に配属された後、江東児童相談所長を経て八王子児童相談所の所長に就任した。

「この多摩地区の特徴の一つと言えるのは、区部と比べて戸建ての住宅が多いことです。地域のコミュニティがまだ残っている地区も少なくないなか、他県で児童相談所にかかわっていた家庭に対して、いかに行政の支援をつなげていくかに気を配っています」

八王子児童相談所の児童福祉司たちもまた、「虐待通告」の対応に追われる日々を送っている。近年の通告数は増加の一途を辿り、「次々に入ってくる新規相談に対応するだけで精一杯」の状況だという。そこに施設入所や里親探し、在宅での保護者の指導がさらに加わるのである。

そのなかで辰田のような所長がとりわけ苦心しているのは、新たに増員されてくる若い児童福祉司を、どのように育てていけばいいかという課題だ。

「若い福祉司たちが苦労するのは、虐待の通告を受けて家庭に訪問をしたとき、『お前は子供がいるのか。いないのに親の気持ちがわかるのか』と保護者から言われてしまうことです」

また、どこかで虐待事件が報じられた翌日には、訪問した家庭で「やあ、人殺しの児相が来た」と言われることさえあるというから、児童福祉司のストレスはかなりのものだ。

辰田の世代くらいまでの福祉職の職員は、様々な施設などで経験を積んだ上で児童福祉司になってきた。だが、近年の児童相談所では業務の激増に伴い、新卒での入庁と同時の配属が増えた。

「社会経験の浅い彼らは、『子育てもしたことがないのに、語るんじゃねえ』『二度と来るな』と言われ、ときには強面《こわもて》の父親から『この前、おまえが歩いていたのを見たぞ』と脅されると、打ちひしがれてしまう者もいます。しかしたとえ職場の隅で泣いたとしても、また同じ家庭へ訪問に行くのが我々の仕事。それを乗り越えて児童福祉司として一本立ちしていくわけです。ただ、途中で燃え尽きてしまう職員がいるのも事実です」

世代が異なるとはいえ、辰田も以前は児童福祉司として、様々な葛藤を抱えながらこの仕事を続けてきた一人だ。

現在の児童福祉司は先輩とコンビを組み、一年間のＯＪＴ（実務研修）を行っていく。だが、彼が新人だった頃は「先輩の児童福祉司はもっと職人肌」で、ＯＪＴなどという仕組みはないに等しかった。

担当も一つの地区ごとに一人の児童福祉司が割り当てられる制度で、「あの家族のことは俺がいちばん分かっている」「現場を知らない所長なんて必要ないくらいだ」と言って憚らない者も多かったという。地区によって職員の力量の差が出てしまう弊害もあったが、そのなかで葛藤し、試行錯誤を繰り返すのが新人児童福祉司の姿だった。

病院からの通告でＳＢＳ（揺さぶられっ子症候群）の疑いのある子を初めて一時保護したとき、辰田は「児童相談所の権限で一時保護をさせていただきます」と母親に告げる自身の声が、緊張で上ずっていることに気付いたと語る。

「大きな権限を行使するのは組織とはいえ、実際にそれをやるのは自分。何が正解かを必死に考えながら、もがき続ける日々でした」

結果的に、辰田はその子を二年間かけて家族のもとへ帰すことができた。最初のうちは敵対関係にあった両親と話し合いを続け、なぜそのようなことが起きたのかを振り返り、子育てに必要な考え方やスキルを「指導」（彼らはこの言葉をよく使う）する。その上で児童養護施設での面会や外出、外泊を繰り返し、保育園にも預けながらタイミングを計った。

そうして「その日」が近づいてくると、最初は対立していた母親とも少しずつ良好な関係を築けるようになっていった。

「あの子の親が私を本当のところどう思っていたかは分かりません。従わなければ子供が帰ってこない、というだけの関係だったのかもしれません」

児童福祉司たちの葛藤

だが、そのように保護者との関係を時間をかけて築き、子供を家庭に帰せるケースはそう多いわけではない。対立関係がこじれたまま進展せず、家庭裁判所に判断を仰ぐことになるケースも日常茶飯事なのだ。

近隣住民や警察、学校や病院からの「虐待通告」があると、児童福祉司は教師や医師、保育園の園長などから様子を聞き、健診歴や相談歴といった事前情報を調べてから、多くの場合は子供に直接会いに行って傷や痣がないかを確認する。そこで一時保護が必要かどうかを判断し、保護の必要がなければ親にも話を聞きに向かう。

以前に別の児童相談所の児童福祉司をしていた時のことだ。

辰田は小学校からの通告を受け、校内の一室で児童に会った。担任教師立ち合いのもとで確認すると、身体には明らかに叩かれてできた痣があった。

だが、当の本人は親を必死に庇うのだった。

「ぼくがいけないから、お父さんが叩いたの」

こうした児童と会うとき、児童福祉司に対する彼ら彼女たちの反応は様々だ。「母親が好きな新しいお父さん」の悪口を言ってはいけないと口ごもる子、自分がいないと弟や妹が叩かれるのだと訴える子……。

「自分は子供を救う仕事をしているのだ」という使命感を覚えるのは、そんなときだった。

「でも、叩くにしても限度があるし、傷がつくような叩き方をしてはいけないよね」

「それは違うんだよ。君を守ることも弟くんを守ることも必要だし、お母さんたちにそれを続けさせることも良くないことだ――」

懇々と諭し、一時保護への同意を子供から引き出していくのである。

「夜、隣の子はコンビニ弁当ばかりを食べているようだ。親がご飯を作ってあげていないのではないか」

そんな通告を受理するとき、日中はそのように家庭訪問や学校などの関係機関を回り、夜間に書類の作成をする彼らの中には、一人の親として「自分の子供とゆっくり話す時間を持てていない」と葛藤を覚える者も多い。

業務と「虐待通告」の増加に対して、児童福祉司の増員や人材育成のスピードが追い付いていない現状のなか、地域との連携、一時保護のあり方や保護所の環境改善など、山積みの課題に向き合っていかなければならないのが、辰田のような若い所長の置かれた立場だった。

「児童福祉司という仕事をしていて、どんな時にやりがいを感じますか？」

そう尋ねると彼はしばらく言葉を探して押し黙り、

「……私はこの仕事を天職だと思えたことがあるんだろうか？」

と、自らに問いかけるように言った。それから彼が話したのは、次のような思いだった。

……二〇一七年二月、彼は東京都の福祉職に採用されて最初に勤務した児童養護施設・那古学園の跡地を、当時の同僚とともに訪れた。

千葉県館山市にあった学園は、都外の施設を縮小する都の方針で閉鎖された。二歳から十八歳まで六十四名が暮らしていた施設の建物は、裏手がすぐに海岸の砂浜になっていた。

更地となった敷地では、二月の寒い海風に吹かれた砂が埃っぽく舞い上がった。

「彼らはいま、どこで何をしているんだろう」と彼は思った。

三年間、寝食を共にした子供たち。夏になれば砂浜で遊び、町のお祭りにも一緒に参加した。万引きをした子を引き取って店に何度も頭を下げたこともあった。

親から殴られていた子、貧困のために施設に預けられた子、兄弟と離れて生活をしている子……。頻繁に会いに来る親もいれば、新しい家庭を築いて全く施設に見向きもしない親もいる。

だが、そこには集団生活の窮屈なルールの中で、境遇の辛さや悲しみを表に出すことなく、部活動や定期試験、就職活動に向き合う子供たちの姿があった。彼らと生活を共にしたことは、後に児童福祉司を志した辰田の原点になった。

「判断や情報収集のミスがあれば、ときには子供の命が危険に晒される仕事です。だからこそ、いつも必死に考えては迷っているし、この仕事をいつまで続けていけるだろうか、と常に自問してきました。でも、やりがいは必ずあるし、やりたくないかと問われれば、『やりたい』と私は答えると思います」

だって――と彼は言うのだった。

「この仕事は誰かがやらなければならないのですから」

今日も東京の片隅で

――今回の取材で何度か訪れた足立児童相談所の隣に、「あみだ橋公園」という名の公園がある。そのベンチに座っていたときのことだ。

前日に降った雪が日陰に残る公園の広場には、おそらく一時保護所の職員だろう、一三時三〇分の少し前に白髪の男性が現れた。彼は冬晴れの眩しさに少し目を細めると、持っていた手籠から小さな赤いカラーコーンを取り出し、広場に即席の小さな周回路を作った。しばらくして、青いジャージ姿の二十名ほどの男の子たちが、保護所からぞろぞろと出てきた。そして、彼らは準備運動をした後、そのコースを走り始めるのだった。

下は小学三年生くらいから上は高校生と思《おぼ》しき体つきの子まで、年齢はまちまちだ。それを傍らで見守る職員が、「ガンバレ!」と何度か声をかけた。

話を聞くと、彼は子供たちにときおり声をかけ続けながら、何とも難しそうな表情を浮かべて言った。

「一か月から二か月が平均って言いますけど、最近は長くいる子も増えていますね。今も三か月になる子がいますよ。なかなか行き先が決まらず、かといって虐待のあった家にも帰せないし、施設にも空きがないとなると……。お、ガンバレよ！」

グラウンドに見立てた公園では、ランニングを終えた子供たちが縄跳びを始めていた。ちょっとした雑談に笑い声、それを見守る職員におどけてピースサインを送る子もいる。

「親の問題、子供たち自身の問題、ここに来る理由はいろいろあるけれど、こうして見ている限りはそんな感じはしないですよね……」

数羽の鳩が飛び立ち、遠くで干した布団を叩く音が辺りに響いた。

何でもない静かで少し気怠い昼下がり、それは今日も東京の片隅で繰り広げられている一風景であった。


（文中敬称略）

稲泉連（いないずみ　れん）ノンフィクションライター。一九七九年東京都生まれ。『ぼくもいくさに征くのだけれど　竹内浩三の詩と死』で大宅壮一ノンフィクション賞を受賞。他の著書に『ドキュメント豪雨災害　そのとき人は何を見るか』、『豊田章男が愛したテストドライバー』、『「本をつくる」という仕事』などがある。

東大を女子が敬遠する理由

地方出身女子の志望者が圧倒的に少ない

松本博文

本郷にある東大の赤門

二〇一七年四月十二日。年によっては散っていることもある桜の花が、この年の東京ではまだ咲いていた。九段下の駅を降りて、桜の名所である皇居のお堀を見ながら、坂道を上っていくと、右手には靖国神社が見える。左手の日本武道館では例年通り、これから東京大学の入学式が始まるところだった。

武道館の前では一様に、コンサーバティブな、地味な色合いのスーツを着た新入生たちが、開場を待っていた。その中にひとり、淡い桜色のスプリングコートを着た女子の姿が目をひく。

遡ること七十一年。終戦直後の一九四六年に、東京帝国大学（ほどなく東京大学に改称）は、その歴史上初めて、女子学生を受け入れることになった。当時の「帝国大学新聞」（一九四六年五月十一日）には入学式に臨む彼女たちを「色とりどり華やかなただしあまり美しくはない女子学徒」と記している。その年の女子入学者は、八百九十八名中、わずかに十九名を数えるのみ。比率にすれば、二・一％である。

そこから女子学生はどこまで増えたのか。一七年二月に行われた入学試験では、合格者三千八十三人中、六百九人。率にして約二〇％。一六年に発表された在学生全体に占める女子の割合も一九％とずいぶん増えたように思えるのだが、たとえばハーバードは四八％

で、オックスフォードは四六％。グローバルな視点からすれば、東大の男女共同参画室が分析して述べている通り、いまもなお、「海外の有力大学と比較しても、女子比率は著しく低い」ことは明らかである。

現在も東大に女子が少ない理由は何か。そして現在の東大女子たちは、何を思い、どのような生活を送っているのだろうか。

地方出身者の疎外感

「東大に来て驚いたのは、東京出身の人ばかりだということでした。もっと日本中から学生が集っていると思っていたので……。もし事前に知っていたら、東大は受けず、地元に近い京大を選んだかもしれません」

そう話したのは、岡山県出身のYさん（文I二年）。

「地方出身の友達とは、たまにそういう話をします。東京にはずいぶん慣れたけど、ここでずっと働くイメージが湧いてこない。やっぱり将来は、空が広いところに帰りたいなって思います（笑）」

男子、女子を問わず、都心の成績優秀な生徒は、早い段階から塾などに通って多くの知人を持ち、自然にネットワークができていく。東大に入った後でも、試験対策などでその繋がりが役に立つことは多いが、地方出身者からすれば、疎外感を覚えることも多い。

筆者や編集者がつてをたどって話を聞いた東大女子たちも、東京や関東の有名進学校出身者が多かった。現代の東大女子の雰囲気を作っているのは、彼女たちなのだろう。

桜蔭学園出身のAさん（理Ⅱ二年）は語る。

「桜蔭は理系が六割で、東大志望者や医学部志望者が多い。私もはっきりとした将来の目標はなかったけれど、医者になりたいとは思わなかったので、自然と東大を目指しました。卒業後は、みんな医師や弁護士などになってバリバリ働いています。桜蔭から東大に進むと『結婚率が低く、離婚率が高い』という噂もあるけれど、先輩たちを見ていると、みんな学生時代に恋愛して、その後はちゃんと結婚をして、家庭生活も充実しているようです」

桜蔭は、一七年度は現役・浪人生を合わせて六十三人が合格、前年度も五十九人合格と、女子校ながら東大合格者数ランキングではトップテンの座を維持し続けている進学校だ。一学年あたり、約四人に一人は東大に進学している計算になる。一五年には、定員百人の最難関・理科Ⅲ類（医学部進学コース）に桜蔭だけで九人の合格者がいたと話題になった。

「構内を歩いていると、同級生にしょっちゅう会います。なかには、ちょっと派手になって〝大学デビュー〟した子も結構いるけど、突っ込めない（笑）」（文Ⅱ二年、Oさん）

自らも東大出身で、現在も趣味のテニスを通して現役学生たちとほぼ毎週のように接しているという、作家・心理カウンセラーの五百田達成《いおたたつなり》さん（43）はこう語る。

「桜蔭生は真面目な子が多い。それに比べて、桜蔭と同じ女子御三家で東大合格者も多いJG（女子学院）は、軽やかな東大女子の象徴だと思います。自由な雰囲気がある一方で、将来は自立して、自分の税金は自分で払えるように、という教育をしている。最近東大合格者が急増している渋幕（渋谷教育学園幕張）はより自由で、校訓は『自調自考』。修学旅行も現地集合、現地解散です」

東大が定期的に行う「学生生活実態調査」（二〇一四）によると、学生のうち、家庭が都内にある割合は、男子が約二七％、女子が約三四％。関東まで広げると、いずれも六〇％以上を占めている。

「東大は、関東のローカル大学になってきている。しかも女子が少ない。受験生そのものが偏っているんです」

そう指摘するのは、教養学部の瀬地山角《せちやまかく》教授だ。

「私たちが増やしたいのは、地方出身で、浪人はダメと言われているような女子。なかでも公立ですね。このカテゴリーには、親に東大受験を許されず、悲鳴をあげている高校生が今もいる。構造的性差別とも言えます」

この分析は、実体験とも重なる。筆者は山口県で生まれ、地元の公立校から一年の浪人生活を経て東大に進学した。高校時代、女子はとにかく優秀だった。定期テストをすれば、必ず女子の方が平均点が高い。しかしながら、当時はさほど不思議には思わなかったが、東大や京大に進学するのは、男子の方が多く、女子は手堅く現役で地方の医学部などに行った。背伸びをして、浪人をしてまでも有名大をねらう傾向は、男子に強かった。

二十四年前の入学式の日は、キャンパス内の今はなき駒場寮で、やはり地方出身の同居者と新生活を始めるため、部屋の壁にペンキを塗る作業が忙しく、武道館には行かなかった。出席した友人たちは、教養学部長（後に総長）の蓮實重彥が何を言っているのかさっぱりわからなかった、と苦笑していた。入学後、授業にほとんど出席しないダメ男子が増えていくのに比べ、真面目で優秀なのは女子だった。「フリッパーズ・ギター」を解散して、ソロ活動を始めていたミュージシャンの小沢健二（九三年文卒）が東大卒のアイコンであり、また、外交官から皇太子妃となった小和田雅子さんが、東大法学部出身で、キラキラ輝く優秀な女性の代表だった頃のことである。

家から近いので東大へ

当時、駒場寮に遊びに来た友人たちと、なぜ東大を志望したのか、という話になったときに驚いたのが、女子のひとりが自然と口にした「家から近いから」という回答である。そういうものかと、地方出身者の一人として、うならざるをえなかった。

ちなみに本稿では、「地方」という言葉を「東京とそのごく近郊以外の場所」と定義している。取材を通して、それが東大生の一般的な意識に合致し、簡明だと感じたからだ。

静岡県のごく普通の家庭から公立校に進学したFさん（経済四年）は、そもそも特に東大を目指していたわけではない。

「神戸大がおしゃれそうでいいかな、と思っていました。両親も『東大まで突き抜けなくてもいいのでは？』という考えだったようです」

高一の時に教師に薦められて、初めて東大受験を意識したという。その年、同じ高校からは六人ほどが合格した。大学生活は、余裕があったわけではない。両親からもらう月八万三千円の仕送りは、家賃と光熱費で消える。あとは奨学金の五万円と、アルバイトでまかなった。

香川県出身のMさん（文Ⅲ二年）は、小さな頃から成績がよかったので、親戚の一人から「お前が男だったらなあ」と言われたことを、今も覚えているという。女子が大学に行ってどうする、という有形無形のプレッシャーは、地方を中心にいまだに存在しているのだ。東大に決めた理由は、「東京に来れば世界とつながる感じがした」から。文学部進学後は、海外留学を目指している。高校の同級生の理系女子には、東大の理Ⅰと同程度の偏差値である香川大や岡山大の医学部を選んだケースが多かった。

「なるべく実家から近いところに、という感覚は、女子のほうが強い気がしますね。親も心配するし」

東大側も、手をこまねいているわけではない。たとえば地方出身の女子学生を母校へ派遣し、生の声を聞いてもらうプロジェクトは好評だ。しかし、決定打となって地方出身の女子学生が劇的に増える結果にはつながっていない。そうしたなか、一六年に発表されたのが、「三万円の家賃補助」である。大学が女子学生でも安心して住めるような民間のマンションなど約百部屋を用意し、月三万円、最大で二年間（合計七十二万円）の家賃を、通学時間九十分以上の女子に限り補助するというものだ。東大を受験する機会に恵まれにくい女子をターゲットに、チャンスを与えたいという願いが込められている。発表直後から、大学には受験生だけでなく親からも問い合わせがあり、三百を超える応募があったという。

ニュースなどでも大きく報道され、適切なアファーマティブアクション（弱者に対する是正措置）という賛成意見もあれば、「逆差別だ」という反対意見も起こった。在学中の女子学生の間でも、その意見は分かれていた。

「実家だと実感がわきませんが、それで女子が増えるとは思えません」（東京都出身、理Ⅱ二年）

「地方では、模試の東大C判定（合格率四〇〜六〇％）でも、男子と女子では意味が違います。男子は浪人するつもりで受験できても、女子は、より合格可能性が高い地元の国立大学へ希望を変更する。経済的な問題が東大受験のネックになる場合があるので、いいことだと思います」（香川県出身、理Ⅰ一年）

どちらかといえば、自宅通学者はあまりピンと来ない一方、地方出身者からは「私ももらいたかった」と歓迎する声が聞かれた。

女が勉強してどうする

「家庭の収入と学力は比例します。それに、地方出身者にとっては、未だに東大はハードルが高い。女が勉強してどうする、という価値観は根強く残っているんですよ」

そう語るのは、東京大学のOG同窓組織「さつき会」の幹事、大里真理子さんだ。一九六一年に結成された「さつき会」は、定期的に会報を発行しているほか、卒業生が集まって交流する機会を作ったり、地方出身の女子を対象に独自の「さつき会奨学金」を支給したりと活発に活動している。五十周年を迎えた二〇一一年には、卒業生を対象に大規模なアンケート調査も行っている。自らも地方出身であり、長年女子学生を見続けている大里さんの言葉は真実だろう。

大学の調査を見ても、在学生の家計支持者の年収で最も多い層は一千万円前後。都心の大学を卒業した父と、専業主婦の母で構成される、東京かその近郊のアッパーミドルクラス以上の家庭で生まれ育ち、私立進学校の出身、というのが典型的な東大生のモデルである。

自らが経験した地方学生との差を語るのは、一六年に東大文学部を卒業した桜雪さんだ。

「朝四時に起きて、地方から新幹線で予備校の東大コースに通っている子は、気合が入っていました」

東京学芸大学附属高校在学中に東大を目指し、「東大受験生アイドル」としてブログに受験生活をつづって、話題を呼んだ。現役時は不合格に終わったが、周囲も浪人する受験生が多かったので自分も浪人を決め（これも有名進学校の特徴ともいえる）、文Ⅲに合格。現在は地下アイドルグループ「仮面女子」に所属している。

「高校の同級生も東大に多く進学しているので、入学しても意外と世界が狭くて驚きました（笑）。試験の情報なども、現役で合格した同級生に聞けるので助かりますね。地方出身の女子は、あまりいなかったかな……。三万円補助のニュースを聞いたときは、地方出身の女子が増えたほうが、多様性が生まれるのでいいと思いました」

東大女子ほど、その容姿についてとやかく言われる対象も、そうはないのではないだろうか。

駒場キャンパスの生協書籍部で、レジの前の目立つコーナーに『東大美女図鑑』という冊子が販売されている。二〇一六年十一月発行の第六巻が最新で、全ページ「東大美女」が合計三十人掲載されている、カラーグラビア誌だ。値段は千五百円と決して安くはないが、よく売れているようだ。

一九八九年に発行された『東大卒の女性』（さつき会編）のなかで、先輩の東大女子はこう著している。

「下世話な話になりますが、女子東大生について語るとき世間は必ずその容姿を話題にしたがります。しかも必ず、『天は二物を与えず』論にもとづいて」

「某女子大学に美人が多いのは、その女子大学の構成員がすべて女子学生から成り立っているからなのです。美人の出現率において、女子大も東大もちがいはないはず」

東大には「銀杏並木伝説」と呼ばれる都市伝説がある。東大の女子学生は、入学した年の秋から冬にかけて銀杏並木の葉が散り終わるまでに彼氏ができなければ、在学中に彼氏はできない、という説だ。さらに、在学中に彼氏ができなければ卒業後も出会いは少なく、たとえ出会いがあっても敬遠されて結婚しづらくなる――これも最初期から存在する都市伝説である。

小沢健二には、「いちょう並木のセレナーデ」という楽曲がある。八〇年代から九〇年代にかけての駒場キャンパスの雰囲気が感じられる曲だ。いまの現役女子学生はほとんどオザケンの存在は知らなかったが、「銀杏並木伝説」についてはほぼ全員が「はい、知っています」と苦笑した。なかには、「先輩に、大学を卒業すると出会いもないし、モテないと言われました。やっぱり本当ですか?」と不安そうにそう問い返してきた学生もいる。

そんな現役学生の不安につながるイメージを覆すべくおこなわれた二〇一一年のさつき会の調査によれば、東大女子卒業生は現在、若い世代も含めて約七二%が既婚の状態にある。このデータを伝えると「わあ、よかった」と、学生たちの顔はぱっと明るくなった。伝説がデータによって否定される一方で、配偶者と知り合ったのは学内が五三%、知り合った年齢の平均は二十三歳、という数字は、やはり在学〜卒業前後に彼氏を作ってそのまま結婚、というコースが多いことも見えてきた。

データを見れば、東大女子は結婚できないどころか、むしろ、世間的には〝スペックが高い〟とされる、東大卒の男子と結婚できる確率が格段に高い、ということになる。

「女子が少ない分、大切にしてもらえます。恋愛市場でも有利です。周りの男子はみんな優秀です。女子が増えたらいいのに、とは思いません(笑)」(経済四年、Kさん)

という声もあった。ちなみに今回聞いた女子学生の多くは彼氏がおり、いずれも相手は学内で出会った東大生だ。

そしてもうひとつ、今も昔も変わらないのは、東大女子は「自分が東大だと言いづらい」ことだ。大学名を尋ねられると躊躇するという。たとえばアルバイト先で「東大です」と答えると、どうなるか。

「バイト先のカフェで、『東大生だからすぐ覚えられるでしょ』と言われたのがプレッシャーでした」

「『東大生の言うことなら正しいね』と、過剰に期待をされます」

合コンでドン引きされることも多い。

「慶應の男子に『おれ、文IIに落ちたんだよね』と言われました」

「そもそも、合コンにほとんど誘われません（笑）」

「東大男子と女子大のカップルは普通にいるのに、東大女子と他大の男子というパターンは、ほとんど聞いたことがない」

東大だと明らかにすると実に面倒が多いということを経験した後、彼女たちが導き出した模範回答は、駒場キャンパスに通う教養学部生の場合、「渋谷の方です」「井の頭線沿線です」など。青山学院や明治あたりを連想されても、あえて否定はしない。なかには、「身分証明には、学生証ではなく、運転免許証を使う」というテクニックまであるそうだ。

東大女子自身が語る、東大女子の印象の一例をあげれば、次のようになる。

「芯のある子が多いです。素朴で飾らない。一緒にいて安心します。他大の子はインスタ

（写真投稿サイトのInstagram）にキラキラしている写真をアップするのに命をかけて、リア充アピールして、ＳＮＳ疲れしている感じ。東大女子は……みんなで伊豆に旅行して集合写真や風景を撮り、加工もせずにそのままアップしているイメージかな（笑）」

東大は女子が少ないため、「リケジョ（理系女子）」は特に、理学・農学・薬学系への進学が多い理科Ⅱ類を好む傾向にある。その理由の大半が、「理Ⅰより女子が多い」（理Ⅱ二年、Ｓさんなど）からだ。

理Ⅰから工学部に進み、大学院に進学が決まっているＮさんは、「クラスで女子は、六十人中三人。大学院の研究室では私だけです。高校は女子校だったので、いまだに男子との接し方はよくわかりません。やりたい研究があったので工学部に進みましたが、女子が多い科類を羨ましく感じることもあります」と言う。

第二外国語は現在、履修者が多い順から、スペイン語、フランス語、中国語、ドイツ語、ロシア語、イタリア語、韓国朝鮮語の七つ。「文Ⅲフラ語」は女子が多いクラスの代名詞で、半数近くが女子になる場合もある。最近では、中国語なども人気だ。サンプルを取れば、たとえば文Ⅲイタリア語は二十九人中十二人、理Ⅱスペイン語は三十四人中十人が女子である。逆に「理Ⅰドイツ語」となれば、男子数十人に女子一、二人、という〝悲劇〟

も少なくない。

東大には、『biscUiT』(ビスケット)という女子向けのフリーペーパーがある。年二回、春と秋に約三千部印刷し、主に学内で配布している。当初は、東大女子のネットワークづくりのため、学内にいる「普通の女子」に声をかけ、取り上げていた。いまは少し幅を広げ、毎号さまざまなテーマの特集を組んでいる。『biscUiT』を編集するサークルは、東大女子約二十人で構成されていて、やはり居心地がいいそうだ。

『biscUiT』十一号(二〇一六年四月発行)に、「イカ東入門《とう》」という記事がある。いかにも東大生、略して「イカ東」は、近年使われるようになった言葉だ。男女いずれもその特徴が挙げられるが、やはり主には、男子を揶揄する際に使われることが多く、特徴は以下のように記されている。

「サイズの合わないチェック柄シャツの裾をカーゴパンツの中に収め、白地のメッシュが入った運動靴を愛用する。登山用などに市販される機能性の高いバックパックを用いる傾向がある。また、メガネを着用する者も多い」

筆者自らの学生時代を思い出し、耳が痛い。現役女子に、男子のファッションについてどう思いますか、やっぱりダサいですかと水を向けると、残念ながら、誰にも否定はされなかった。「素材がいい子はいます」「中にはおしゃれな人もいる」「三割はがんばってい て、あとの七割は……勉強中?」など。清楚な服を上品に着こなしながら、「私もそれほどおしゃれではないので」と言って、そっと笑った子を見ていると、それこそがパーフェクトな回答のようにも思われた。

一七年四月、『biscUiT』は「編集部の欲望が詰まった別冊」として『東大男子推しメン図鑑』を発行した。東大出身のイケメンの筆頭に推されているのは、農学部を卒業し、日テレでアナウンサーとして活躍している桝《ます》太一さんだった。

学内で一番女子が多い講義

四月五日、まだ入学式もおこなわれていない東大駒場キャンパスで、教養学部の大人気講義である「ジェンダー論」が開講した。広い階段教室には新入生や二年生が押し寄せ、早々に席が埋まり、立ち見だけでなく、通路に座ってもまだ足りず、文字通り外にまであふれている。担当する瀬地山教授がなかなか教壇にまでたどりつけない、という盛況ぶりである。この講義が特徴的なのは、東大にあって、女子学生の姿が目立つことで、学内の全講義の中で、もっとも女子の履習者が多い講義ではないかとも言われる。もちろん、そ

う は言っても、目に入る学生の大半は男子である。

その日、講義の中で一九五五年の、ある女子大の調査が紹介された。ボーイフレンド（当時は文字通り、男性の友達という意味）がいない、という学生が二一％いたという。

「開成から理Ⅰに入ってしもた男子と同じようなもんや」

瀬地山教授の言葉に、教室内は爆笑に包まれた。中高一貫の男子校から、「東京男子短期大学」の別名もある、主に理学・工学系の理科Ⅰ類へ進学すれば、異性に触れる機会が少ない。

「必修に女子がほとんどいない。ジェンダー論の教室はいい匂いがする」

という理Ⅰ生の声もあるという。

瀬地山教授が冗談交じりに紹介したのは、理Ⅰの男子が実際に提案したナンパ方法で、正門の前で「僕、家事やります」というプラカードを持って立つというものだ。

「男の四人に一人が結婚できない時代です。まあ、東大の男子はもう少し婚姻率は高いでしょうが。それでも、平均して生涯賃金が三億円にものぼる東大女子は貴重です（笑）。

東大生の出身家庭は、アッパーミドルで専業主婦世帯も多く、これが性役割分担意識や、性行動に反映されてしまう。『ジェンダー論』では、学生たちが十八歳になるまでにすり込まれた価値観を、改めて問い直すところから始めています」

今回、出会った学生たちは、驚くほどまじめでしっかりした女子ばかりだった。東大独自の制度に、進学振り分け（三年生以降の進学希望先の学部・学科を一、二年生の前期教養学部時の平均成績によって決める）があるが、彼女たちはおおむね、八十点以上（これは高得点）を取って、後期教養学部の国際関係論専攻など難関で知られる学科に進学している。なかには、主に経済学部に進学する文Ⅱから、工学部の人気学科である建築学科へと「理転」した学生もいた。

優秀な成績をとって希望する学科に進み、多くの尊敬する人に出会い、やりがいのある仕事先に就職する。「意識高い系」という言葉は最近、プラス、マイナス、いずれの意味でも使われるようになったが、自己を高めるために日頃からよく考え、よく行動すること、とプラスの意味で定義すれば、東大女子は意識高めの人が多いようだ。

東大の志望理由を「日本一だから」とはっきり言ったのは、有名女子校出身で経済学部四年のMさん。在学中は、東京近郊から新幹線に乗ってキャンパスに通った。卒業後は、新興ＩＴ企業に初の東大女子として就職することが決まっている。

「東大は周りがとにかく優秀で、〝地頭〟がいい人が多かった。こんな人がいるんだとびっくりしたし、自分もやる気にさせてもらいました。今は経営者を目指しています」

愛知県出身のNさん（工四年）は、高校一年生のときに東大に通う先輩に憧れ、東大を目指すようになった。数学を生かして社会をよりよくしたいと考え、工学部に進学。いまでも赤門が目に入ると、目指してきた場所にいることを実感し、嬉しくなるという。将来は民間企業に就職し、研究で学んだことを実践したいと考えている。

「東大に入ったおかげで、さまざまな価値観に触れ、いろんな経験ができました。すごくまじめな人もいれば、とことん遊んでいる人もいる。地元の大学に進んでいたら、こんな経験はできなかったと思います」

東大卒業者は東大に育ててもらったという意識が希薄である、という元総長の言葉もあるが、現代の東大女子に限ってみれば、大学に対する満足度はきわめて高い。

「人生を前倒ししたい」

しかし、それでもなお、すべてを手にしたということにはならないのが、現在の東大女子が置かれた状況だ。結婚や出産という、一般的な女子の幸福もまた、彼女たちにとっては通過すべき目標だからだ。

「同級生とも、よく結婚や子どもについて話します。自分たちに実現できるのかなって。みんな、ちょっと不安に感じています。私は大学院に進学しようとは思っていますが、その先は、比較的女性にとって働きやすい職場といわれている、化粧品メーカーなどに就職できたらいいな、となんとなく思うようになりました。ばりばり働くより、働きながら結婚も出産もちゃんとしたい。仕事と育児を両立している先輩のフェイスブックを見ると、憧れますね」（理Ⅱ二年）

Kさん（経済四年）が小さな頃から尊敬してきたのは、元国連難民高等弁務官の緒方貞子さん。長年の夢がかなって、ある国際機関に就職が決まっている。五年後には海外に転勤することがほぼ既定路線である。学部時代にできた彼氏はすでに就職をしている。その彼氏と結婚をし、できれば子どもが二、三歳ぐらいになった段階で、海外に行けば、ベビーシッターを雇って子育てができそうだと想像しているものの、実現できるのかはわからないと話す。

「人生をできるだけ前倒ししたいと思っています」

まだ二十二歳で、この覚悟をしなければならない。

「東大女子は必修科目が多くなりました。キャリアだけでは尊敬されず、結婚など、別の科目も優秀な成績を求められる。『タラレバ女子』とか『負け犬』とか、日本全体があおりすぎ、仕事と育児を両立するスーパーウーマンが持ち上げられすぎなのではないでしょうか。東大女子が、現代女子の生きづらさの象徴にもなっているような気がします」（五百田さん）

最後に、東大卒の元祖スーパーウーマンである赤松良子さん（五三年法卒、元労働省婦人局長、文部大臣）に登場していただこう。赤松さんは八十七歳になった現在も矍鑠として、日本ユニセフ協会の代表理事会長を務めている。

幼い頃から一生働きたいと志していた赤松さんは、大阪から上京して旧制津田塾専門学校（現・津田塾大学）に進学。新制になった東京大学の門戸が女子にも開放されたと知り、「人生が有利になるんじゃないかと思って」受験を決意し、一九五〇年に法学部に合格した。東大女子としては五期生になる。同級生に高知県立女子専門学校（現・高知県立大学）から来た学生がおり、「高知女専から東大に行くなんて、地元は大騒ぎだったそうですよ」と笑う。

その後、公務員の上級試験を受けて労働省に就職。その頃は、公務員であっても明確な女性差別が存在した。そもそも、女性を受け入れている省庁は労働省しかなかった。赤松さんは、明治以来の権利拡大を目指す戦後の女性として、自身の立場をはっきりと意識した。

「いい仕事は男性にばかり回って、女性の私はお茶くみをさせられる。それでも東大を出て公務員試験を通ったのだから、簡単なことでへこたれるわけにはいかない、そう自分に言い聞かせて働きました。男がしている仕事を、私にもさせてほしいと上司に直談判したこともあります」

赤松さんたち女性官僚が悪戦苦闘した末に、八五年に制定された「男女雇用機会均等法」は、日本の女性の労働環境を、大きく改善させた。アメリカやウルグアイで駐在生活を送ったこともある赤松さんは、自らを戦後女性のパイオニアだと自任している。

現代の東大女子たちについてどう思うかと問いかけると、そんなに若い世代と交流することは殆どないからと前置きをしてこう続けた。

「私の前には森山真弓さん（五〇年法卒、文部大臣などを歴任）など素晴らしい先輩がいらっしゃって、私もその長い列を後輩たちにつなげていきたいと思ってやってきた。

私達の時代に比べたら、よっぽど環境は良くなっているはずなのに、女子があまり増えていないとは情けない。でも、今は東大に入るためには、有名な学校で特別な勉強をしないといけないんでしょう？　私じゃ入れないね（笑）」

赤松さんが入学した当時の法学部は、一学年八百人のうち女子は四人。率にして〇・五％だ。

「学生時代、とてもモテたそうですね」

自伝を読んだと告げてそう尋ねると、赤松さんは肩をすくめて、当たり前よ、という顔をした。

「いまの時代になっても、『女子は東大に行くと結婚できない』なんて、まだ言われてるのですが」

赤松さんは、やっぱり笑わないで、こう言った。

「そんな親には、東大に行けばいい男がめっかるって、言ってやんなさいよ」


松本博文（まつもと　ひろふみ）ライター。一九七三年山口県生まれ。著書に『ルポ　電王戦　人間vs.コンピュータの真実』、『ドキュメント　コンピュータ将棋　天才たちが紡ぐドラマ』、『東大駒場寮物語』、『天才　藤井聡太』などがある。

「ラジオ深夜便」のある生活

東京の夜空の下で毎夜聴いている人がいる

樽谷哲也

このスタジオから全世界に放送されている

前夜は午前四時ごろまで起きていた。小説を読んだり、録画した大河ドラマ「真田丸」を観たりして、短夜《みじかよ》に身体を預けるように過ごした。

音量を小さくして音楽も聴く。ジャズからオペラ、クラシックまで、音楽は何でも好きだが、このごろ最もよく聴いているのは、キング・クリムゾンの名盤「レッド」である。

もともと、生活のリズムは夜型に近いが、それは長く第一線で仕事をつづけることによって否応なく身に習慣づいたものであるともいえる。NHK総合テレビの「ニュース7」や「ニュース10」など、夜の報道番組で十五年ほどキャスターを務めた。生放送のテレビで全国にニュースを伝えるという仕事は、心身に極度の緊張とプレッシャーを強いた。アドレナリンが身体中にみなぎったような状態で帰宅すると、それが落ち着くのに長い時間を要した。ジャズを小さな音で聴きながら、イギリスの上質なミステリー小説を読んだり、美術書を眺めたりして、眠りに誘われるのを静かに待った。深夜の二時、三時になるのが毎晩のことで、ときには夜が白み始める日もあった。

この日の朝は八時に起き、連続テレビ小説「とと姉ちゃん」を観た。ヨーグルトと果物で軽い朝食をとった。いつもなら、散歩に出たり、運動を兼ねて、あえて遠くの店へ食材の買い物に出かけたりする。どんな花が咲いているか、道行く人たちの服装はどのようなものか、売り場にはどんな果物が並んでいるか……。季節の移ろいを眺めることで、その日の夜、目に見えぬ相手に語りかける言葉の手がかりを探すのである。あいにく、この日は雨が降ったりやんだりの愚図ついた天気であったため、外出は控え、掃除や洗濯に勤しんだ。そして、原稿を推敲し、実際に声に出して読み上げてみる。ストップウオッチ片手に、時間を計ってみる。

午後一時になると、窓とカーテンを閉め、三時ごろまで横になる。この時間帯に、わずかでも熟睡できると、夜を徹しての長い仕事のための体力を蓄えることができる。この日は、一時間ほど、ぐっすり眠れた。

支度を整え、四時に自宅を出る。渋谷で、浴衣を着た若いカップルを見かけた。花火を見にいくのだろうかと、ほほえましくなった。

雑踏の中、坂道を進み、小高い丘へと向かう。渋谷区のほぼ中央に位置するＮＨＫ放送センターに着いたのは、五時少し前のことであった。

八時過ぎに食事をとる。放送開始まで三時間のこのタイミングが自らにとってはベストである。マイクに向かうとき、満腹でも空腹でもいけない。

日中は蟬が狂おしいまでに鳴いていた神宮の森では、秋の虫の音《ね》が静かに広がっている。

渋谷や原宿、駅周辺の不夜城のごとき喧噪とは別世界のような静寂が、ＮＨＫ放送センターの敷地を覆っている。

黒いロングカーディガンを羽織って、十三階にあるラジオセンター内のスタジオに入ったのは、午後十一時〇三分のことである。五分後に、ロックミュージシャンらしい厚底の靴をフロアにごつごつとさせながら、カーリーヘアのマーティ・フリードマンがつづいてスタジオに向かった。

十一時十五分、ゆったりとしたテーマ音楽が流れ始める。

「こんばんは。八月二十七日、土曜日、時刻は十一時十五分になりました。ＮＨＫの『ラジオ深夜便』、今夜のご案内は森田美由紀です――」

きょうも声はいつもどおりに出ている。五時間四十五分後のゴールに向かって一定のペースで歩んでいかなくてはならない。

「八月最後の週末、みなさんはどのように過ごされましたでしょうか。きょうは、全国各地、花火大会が行われたところも多いようです――」

「カンペキな声ですね」

聴き手であるリスナーは、多くを社会の第一線を退いた高齢者が占めてきた。パソコンやスマートフォンでも高音質でラジオが聴ける今日、番組は、日本全国にとどまらず、地球の真裏にまで届いている。少しずつ若いリスナーも増えてきた。

「深夜便」では、放送開始当初から、番組を担当するアナウンサーをアンカーと称している。船の碇《いかり》、頼みの綱、リレーの最終走者といった意味を持つ英語に由来し、放送や新聞、出版の世界では、最後に総括するまとめ役をそう呼ぶことにちなむ。

文化人による教養講座など、知的好奇心を刺激するコーナーは根強い人気に支えられているが、毎週土曜日は、日曜日の朝にかけて、週末らしい、聴いていて肩の凝らない対談や朗読劇などをはさみ、音楽を主体としたプログラムでの構成となっている。一時間を一つの区切りとして番組は進行する。

午後十一時台、午前〇時台は、「オトナのリクエストアワー」と題し、リスナーからのメールやはがきなどでの音楽のリクエストに応えつつ、ゲストと二人で進めていく。八月と九月は「夏から秋へ移りゆく季節に」というテーマでリクエスト曲を募っている。リクエストの投稿文に目を通していると、自らと同じ五十代、そして三十代、四十代、さらに受験生だという十代や就職活動中であるという二十代のリスナーも増えているとわかる。のっけから松浦亜弥「GOOD BYE 夏男」というアップテンポの音楽が選曲されたのも、そうした傾向の表れである。曲が終わり、アメリカ出身で二〇〇四年から日本に暮らす今夜のゲストのマーティ・フリードマンは、森田の語りを聞きながら、「非常に癒されるような、カンペキな声ですね」と最大級に評した。

「そ、そうでしょうか……」

落ち着いて言葉を送り出しつづけなければ、音声でのみ構成されるラジオというメディアは成立しない。

「眠くなる声、眠りに陥りやすい声とは、ときどきいわれますが――」

故郷に暮らす八十二歳の母は、「あなたの声を聴いていると眠くなるわ」とよく話す。毎回欠かさず聴いていていて、まれに「音楽がうるさかった」と苦笑いすることもある。

テレビでキャスターを務めるときとは違って、「深夜便」では、イヤホンや枕元のラジオで聴いているリスナーを思い浮かべ、ごく近いところからやさしく語りかけるように、一つひとつの言葉が届くように、ふだんよりもゆっくりと明瞭に話すことを心がけている。

矢沢永吉「ひき潮」、石川さゆり「能登半島」、中村美律子「河内おとこ節」、スティーヴィー・ワンダー「ステイ・ゴールド」とつづいて、「オトナのリクエストアワー」の前半が終わった。

午前〇時の時報とともに、隣のスタジオから元NHKアナウンサーの中村昇が十分ほどニュースを読む。ニュースを読み終えて「深夜便」のテーマ音楽が流れ始め、スタジオを出る中村に、ガラス越しの離れたところから、森田は、おつかれさまです、と声に出さぬまま会釈する。以後も、毎正時になると、先輩にあたるOBアナウンサーたちがおおむね五分間、ニュースを読む。深夜の仕事を互いに務めているという仲間意識のようなものも生まれてくる。

「道産娘」を自称する

かつて、NHKのラジオは、深夜は放送を休止していた。事実上の二十四時間放送となる契機は、昭和天皇の容態を速報で伝えたことにある。静かな音楽を夜通し流し、随時、容態が報じられた。昭和天皇が崩御した一九八九年一月七日以降、継続して静かな番組を放送することを望む声が数多く寄せられつづけた。九〇年四月、「深夜便」が始まる。

現在、十七人のアナウンサーが原則として月に二回ないし三回、隔週で決まった曜日にアンカーを務めることになっている。多くはNHKアナウンサーのOB、OGである。NHKの現職のエグゼクティブ・アナウンサーである森田は、第二、第四土曜日を担当している。

「オトナのリクエストアワー」の後半が始まった。リスナーからの投稿を読み上げると、傍らのマーティが流暢でいて、ぎこちなさを残す日本語でその文面に応じ、あれやこれやと話題を広げる。森田は、低く小さな声で「はい」、「ええ」と相槌を打ちながら、決して踏み込み過ぎない。自らがアンカーであると主張しない控えめな語り口で番組を進めていく。

コーナーが終わり、スタジオを出て行くマーティを、「このあとも夏バテをされませんように」と気遣った。

つづいて、各地できょう開かれる催事の予定などを南から順に語っていく。最後に北国のイベントを紹介した。

「札幌の街なかを駆け抜ける北海道マラソンが開かれ、市民ランナーなど、二万一千人あまりが参加します。ことしは三十周年を記念して、オール北海道で大会を盛り上げようと、道内百七十九市町村から代表のランナーが一人ずつ参加します。午前九時に札幌市中心部の大通公園をスタートし、すすきのや北海道大学など、市内各所を駆け抜けます――」

語りながら、馴染み深い光景が自然に思い浮かんでくる。

札幌に生まれ育ち、「道産娘」を自称する。北海道大学文学部で英文学を専攻した。卒業後は、教員になるつもりでいたが、一度は民間企業に就職し、社会人として経験を積もうと考えた。しかし、短大生ばかりが歓迎され、四年制大学を卒業する女子学生が企業に就職するのは非常に難しい時代でもあり、望む業種では採用内定を得るには至らなかった。

卒業の迫った折、NHKテレビで、札幌放送局がFMラジオの音楽番組の制作スタッフを募集しているという字幕テロップが流れた。好きな音楽の番組づくりに携われるのならと、軽い気持ちで試験を受けに行った。なぜか、面接でいきなりカメラ撮影をされながら、リスナーのはがきを読み上げさせられた。緊張のあまり、はがきを持つ手が震えてならず、どのように読んだかも、どう自己紹介したかも覚えていない。なのに、翌日、北海道内のテレビのローカルニュース番組でリポーターをやりませんか、と電話がかかってきた。まったく予想だにしない展開となったが、怖いもの知らずで何か面白そうだと思い、目の前に拓けたひとつの可能性に進んでみた。卒業と同時にNHK札幌放送局の一年契約のリポーターとなる。一九八三年四月のことである。

幼子が眠りに就くように

カメラマンとともに取材に歩き、夕方のニュース番組のスタジオで伝える。はじめは上司に酷評されてばかりだったが、少しずつ楽しくなっていった。三年目には、土曜日の朝のニュースや旅番組にも出演するようになり、寝る間もないほど忙しくなっていった。四年目が終わるとき、正規のNHK職員になることを強く勧められた。テレビの世界で生きていくと覚悟を決めたのは、このころであったろうか。八七年の秋、正職員のアナウンサーとなった。

翌八八年の三月、東京アナウンス室へ異動になる。すぐに午後七時のNHKニュースのキャスターとして、全国に顔と名前、そして声が知られる存在となっていった。「深夜便」が始まったころ、母に「あなたもいつかさせてもらえたらいいね」と、アンカーとしてマイクの前に座る日を期待された。

森田自身にとっても、ラジオはいつも身近にあった。夜のニュース番組の生放送を終え、自宅で休んでいるとき、本を読むのに疲れると、音楽をとめて、ラジオのスイッチを入れて横になった。聴くのは「深夜便」だけではなかったが、人が穏やかに話している声に、気持ちは安らいだ。

いつか「深夜便」のアンカーを担当してみたい、という思いは、ずっとあった。三年前、二〇一三年の四月に、その思いが叶うのである。長くつづけたいと願っている。

父は、始めから終わりまで聴いて、朝になると「あのコーナーはよかったよ」などと電話をかけてきたりした。遠い北の地で夜通し娘の声に耳を傾けたその父も、いまは亡い。


毎晩、午後十一時を少し過ぎると、東京スカイツリーがほどよい距離で眺められる文京区にある独り暮らしの自宅マンションの寝室で、森晃子は枕元のラジオのスイッチを入れる。受信局を選ぶチューナーは長くNHK第一に合わせたままである。

この日は、前々から興味を惹《ひ》かれていた、「24時間テレビ」の中の、実在の人物をモデルに描かれたドラマ「盲目のヨシノリ先生~光を失って心が見えた~」を終わりまで観た。妻子ある中学校の教員が網膜剝離によって三十四歳で全盲となり、一度は教壇を去る。やがて、家族と周囲の助けもあって教員に復帰する、というストーリーである。森自身、白内障を患って両眼とも手術を受けてきた。加齢黄斑変性の症状も生じ、視力をなくす恐怖があって、気になるドラマであった。

入浴をしたあとベッドに横になったのは、午前〇時ごろのことである。いつもより一時間ほど遅くなった。

「深夜便」を聴くようになったのは、十年ほど前からのことである。肺がんを患う夫を自宅で看護していたとき、寝ようにも寝つけず、何となくラジオの電源を入れてみた。ベテランとおぼしきアナウンサーの落ち着いた語りが聞こえてきて、いつも心に小波《さざなみ》の立っているような穏やかならざる日々であったのに、静かな一夜を過ごすことができた。

現《うつつ》と浅い眠りとの間を行きつ戻りつしながら、まどろんでいると、ふと、夫はいま息をしているであろうかと急に心配になり、暗がりで顔に耳を近づけてみる。口元から寝息が感じられると、少し安堵し、自らのベッドに戻って横になる。同じことを何度か繰り返す深夜、傍らに寄り添うようなアナウンサーの声があった。夫を見送って八年が経つ八十七歳のいまも、それは変わらない。

森田美由紀の声を、安らいで聴いていた。言葉の歯切れがよく、落ち着いていて、声はキンキラとしていないのがいい。

AMのNHKラジオ第一だけでなく、NHK‐FMでも併せて放送され始める午前一時台のプログラムは、俳優の小日向文世をゲストに迎えたトークコーナー「私の〝がむしゃら〝時代〟アンコールである。この年の三月に放送されて好評を得たことから、再放送する運びとなった。

小日向もまた北海道出身である。森田が自ら、ぜひ話を聞きたいと思い、小日向のマネジャーに出演交渉をして実現した対談企画であった。ゲストの選定から出演交渉、収録した音源の編集まで、すべて森田が自ら手がけている。一時間以上にわたって充実した対談となった場合でも約四十二分という決まった長さに収めなければならず、惜しい思いをしながら四苦八苦して編集する。ほかのアンカーたちも、インタビューや対談のコーナーの編集を自ら手がける。

小日向は、「真田丸」で豊臣秀吉役を演じている楽しさを話しつつ、俳優を志す以前、不運つづきだった青年時代を語り、若き日の恋愛についても少し振り返った。

小声で相槌を打っていた森田は、ふんわりと短く訊ねる。

「……それで？」

意表をつかれ、少し困ったように大袈裟に笑いながら、小日向は「あまり『真田丸』と関係ない話じゃないですか」と答えた。

「いえいえ、ま、それはそれとして、ええ……」

やや動じつつ、微笑みをまぶして、話の先を促すようにほのかに言葉を紡《つむ》ぐ。小日向は、失恋に至る顚末をつい披露することになる。そして、現在の妻との出会いについても話し、ハッピーエンドに向かっていった。言葉は控えめながら、ゲストの語りを生かす役回りに徹している。

森晃子は、二人の対談を楽しんでいた。眠らないのでも、眠れないのでもなく、眠りたくないのである。

母の語り聞かせる昔話や、やさしく歌う子守唄を聴きながら幼子がすやすやと眠りに就くように、「深夜便」の音楽や談話を聴いているうちに、夢の世界へと入りたい。

かつては、夫婦で歯科医として都立駒込病院に勤務し、やがて父から受け継いだ歯科医院を夫と営んだ。長く地域の中学校の校医も務めた。

実の姉は、二〇一六年七月に九十三歳で他界した作家の近藤富枝である。歯科医をつづけながら育てた長女は、地域雑誌「谷中・根津・千駄木（谷根千）」を長く中心となって編集・発行し、いまや作家として名をなした森まゆみであり、次女の仰木ひろみも、その編集人であった。歯科医院は、現在、末っ子である長男の俊一が院長を務めている。父から受け継いだ地域に根差す歯科クリニックを、息子に譲り渡したことで、大病をいくつも経てきたが静かな余生を送ることができている。孫が十人に、曾孫は二人になった。かわいくてしょうがない。

スタジオに私物をあれこれとたくさん持ち込むアンカーもいるが、森田美由紀の場合、至ってシンプルである。机の上に、必需品のストップウォッチ、そして長く愛用する電子辞書のほか、ボールペンなどの筆記用具を数本だけ置く。デスクの傍らに、ペットボトル飲料を用意する。

午前二時台は「ロマンチックコンサート」と名づけられ、アンカーが音楽を紹介してゆくコーナーである。この夜は、森田が発案した粋なテーマで構成された。

「きょうは、世界のさまざまな国の民謡で、音楽の旅をしていただきましょう。……世界一周の旅、現実にはお金も時間もかかりますが、音楽の旅なら、おやすみのままでも、お楽しみいただけますよね――」

四十九分あまりの間に、全部で十四曲の民謡が流れることになる。森田自身、楽しみながら十曲以上を選び抜いたが、アメリカやヨーロッパ、アジアと地域ごとに有名な民謡を独力で挙げることに限りはある。

二時台、三時台の音楽のコーナーは、局外の専門家が重要な役割を担っている。選曲担当の柴田喜信は、三十歳になったばかりのとき、「深夜便」の番組スタートからかかわることになった。番組開始時から携わるのは、アンカーや制作スタッフを含めて、いまや柴田ただ一人となった。

森田の選曲リストを補う格好で柴田がテーマに沿った音楽を推薦し、世界一周の旅の航路が決まった。

アメリカの「線路は続くよどこまでも」で始まった民謡の旅は、ヨーロッパ、ロシア、アジアへと飛び、アフリカ大陸を渡っていく。

「次はイスラエルに行きましょう。『マイム・マイム』、フォークダンスでおなじみのこの曲、イスラエルの民謡だったんですねえ。泉の水を汲み上げるのは、私たちの喜び、水よ、水よ――という歌詞なのだそうです」

柴田は、「深夜便」の音楽コーナーは、選曲のいかんよりも、アンカーによって決まると考えてきた。ことに、森田の声力《こえぢから》は擢《ぬき》んでている。それは、声が大きいか小さいか、高いか低いか、あるいは、個性が強いか、逆に個性を消したようであるか、などではもちろんなく、声の佇まいといったようなものである。

森田は、眠ろうにも眠れないリスナーが、こうして音楽をかける時間帯に少しでも眠れたら、と願う。番組の冒頭で、「どうぞ音楽をお楽しみいただきながら、お身体をやすめてください」と語りかけることも多い。何日もかけて準備し、一夜を徹して語りかけながら放送しているというのに、どうぞ聴かずに寝てください、とメッセージを送る不可思議な番組が「深夜便」なのである。真夜中の寝台車を、森田は案内してゆく。

五回ほど「深夜便のつどい」に参加

アンカーとリスナーは電波を介さずして相見《まみ》えることもある。

双方が直接に会することを目的に、「深夜便のつどい」という催しが一九九四年から全国で開かれている。月に一回から二回のペースで開催される。観覧を兼ねて旅行をする老夫婦もいれば、一人で参加し、会場で友人を増やしていくリスナーも多い。

九月三日、京都府南丹市の公立ホールで開催された「つどい」には、森田と、同じくアンカーの徳田章が参加した。番組のテーマ曲が館内に流れる中、徳田とともに舞台に登壇した森田は、客席が目の前に迫るように近いことにまず驚いた。観覧客の顔という顔が近い。

客席に向かって「きちんとお化粧をしてくればよかったと思いました」と照れたように笑って挨拶すると、すぐに「きれいですよ!」という男性客の大声が返ってきた。館内はどよめき、大きな拍手に包まれた。

この「つどい」の観覧希望の受付窓口となった南丹市役所には、北海道から鹿児島まで、およそ全国より往復はがきでの応募があった。当選はがき一通で二人が入場可能となる。百十五通を当選とし、その競争率は六倍に達した。この狭き門を東京都内在住者でくぐり抜けたのは、わずか一人であった。だが、当日、その幸運なリスナーは会場にいなかった。

夫婦それぞれの名前で二通応募した練馬区の長谷部安子は、夫の名前で返信用の当選はがきを受け取った。たいそう喜んだのだが、別の用事とかち合ってしまい、残念ながら京都行きをあきらめた。

長らく看護婦として働いてきた。喜寿を迎えたいまも、週に一回から二回、産婦人科医院に勤務している。文部科学省に勤め、残業や単身赴任をいとわなかった夫と、ともに協力し合いながら二人の子どもを育てあげた。

「深夜便」を初めて聴いたのは、二十年ほど前のことである。看護婦としてフルタイムで勤務し、疲れきって夜遅く帰宅したとき、テレビを観る気になれず、ふいにラジオのスイッチを入れてみたところ、聴こえてきたのが女性アナウンサーのゆったりとした耳にやさしい声であった。「ラジオ深夜便」という番組であることは、すぐにわかった。声の主は、番組開始から二十年にわたってアンカーを務め、二〇一〇年三月に勇退するまで、絶大なる人気を博す宇田川清江であった。

「つどい」には、これまで五回ほど参加している。前年十一月に新潟県五泉《ごせん》市で開催された折にも応募して当選し、夫婦で出かけた。登壇したアンカーは、石澤典夫、そして森田美由紀であった。あの声の素晴らしい人だわ、と客席から見ていた。

傷つき病んだ人の助けになることを生き甲斐に懸命に働いてきて、人生の晩年に差しかかったいま、金と暇を使わなかったら老後はつまらない、というのが持論で、仕事をつづける一方、英会話を習ったり、旅行やハイキングに出かけたりと、活発に過ごしている。

毎晩九時半から十時ごろ、ふとんに入る。夫婦仲はとてもよいが、ずっと寝起きする時刻が互いにまちまちで、勤務体制ごとに働いた。それぞれに睡眠を確保して仕事に出かけ、帰宅するという生活を送ってきたため、寝室は別になっている。

いま、枕元には二台の小さなラジオがある。一台はNHK第一に、もう一台はNHK－FMに合わせたままになっている。午後十一時十五分になると部屋の明かりを消し、第一で「深夜便」をAMに特有のやや雑音交じりで聴き始める。午前一時からはFMに合わせたそれに切り替え、安定した電波で聴く。一晩、音量は絞りながら、ラジオをつけっ放しにする。

胸に迫る講座を聴いていて、涙があふれてくることもある。音楽のコーナーでは、自然と眠りに誘われていく。誰かから与えられた極上のご褒美のような時間に浸っている。

中途失明者の絶望

午前三時台は、「にっぽんの歌こころの歌」と題するコーナーである。この日のテーマを、森田が「郷愁の歌・合唱曲　今昔」と発案し、決定された。選曲担当の柴田にも相談し、曲を選んでいった。音楽そのものを楽しめる構成にしたいと考え、原稿をコンパクトにまとめた。

「歌うのが好きな方も苦手な方も、音楽の時間や卒業式、または合唱コンクールなどで、誰もがいろいろな歌を合唱した思い出があると思います。きょうは、人生のさまざまな時代に歌ったり聴いたりした合唱曲を通して、懐かしい〝あのとき〟を思い出していただければと思います」

「故郷を離るる歌」で幕を開け、二曲目の「流浪の民」について自らの記憶を披露しながら紹介する。

「わたくしが中学生のときですので、ずいぶん前になりますが、放課後になりますと、音楽室から合唱クラブがこの曲を練習する声が聞こえてきたのが、懐かしく思い出されます」

「花のまわりで」や「最上川舟唄」、中高生のコーラス曲として定番である「大地讃頌《さんしょう》」と紹介していった。

十一曲を送ったあと、真夜中に睡魔と格闘しながら働くタクシー運転手やトラックドライバーらにも、そっとささやくように語りかける。

「おふとんの中で、あるいは車の中で、いっしょに口ずさんでいただける歌、あったでしょうか――」

風呂から上がり、ふるさと鹿児島の芋焼酎を少しずつ味わう。品川区に住む下堂薗《しもどうぞの》保の日課である。快い酔いで眠りへといざなわれていく。

午前二時、三時まで起きて「深夜便」を聴いていることもあったが、七十六歳となったいまでは午後九時を過ぎると眠くなる。

下堂薗もまた、ドラマ「盲目のヨシノリ先生」が始まるのをテレビの前に座って待った。このドラマの主人公のモデルとなった人物の相談に、カウンセラーとして応じ、視力をなくしても中学校の先生をつづけるべきだと励ました経験があっただけに、強い関心を持っていた。ドラマが終わって、十一時過ぎに身を横たえた。

就寝するのはいつもより遅かったが、目覚めたのはふだんと変わらず午前二時半ごろのことであった。この起き抜けの時間に「深夜便」を聴き始めると、一曲をフルコーラスで流すコーナーがつづくので、楽しんで聴いているうちに、あっという間に朝になってしまう。だから、しばしラジオはつけないでおく。

まず、最新の雑誌記事を読み上げて録音されたテープを聴く。三つの雑誌を九倍速の再生スピードで速聴きした。その後、パソコンを開き、あっという間に五十通くらいはたまってしまう受信メールを整理し、必要に応じて返信を打つ。目視せず、指先の感覚を頼りにキーボードをたたく。キーを打つごとに機械が音で答えるパソコンで文章を綴ってゆく。

早暁の一仕事に区切りをつけ、午前四時になるころ、ラジオをつけて「深夜便」の終盤を聴き始めるのが最近の日々の習慣である。耳に親しんだ穏やかな声が聴こえてきた。

四時台は、森田が聞き手となって、あらかじめ収録された番組が放送される。博識の音楽評論家が名曲を解説してゆく「奥田佳道の〝クラシックの遺伝子〟」である。

下堂薗は、羽田空港で航空管制官として勤務した国家公務員であった。四十五歳のとき、病によって視力を失った。職場より退職勧告を受けたが、視覚障碍の先人から励まされ、六十歳の定年まで仕事をつづけた。新宿区に本部を置く社会福祉法人日本盲人会連合（日盲連）で、監事の職にある。日盲連は、視覚障碍者の自立と社会参加を目的に一九四八年に組織された国内最古の団体である。下堂薗は、視覚障碍者の相談に二十年以上あたってきた。

中途失明者が必ず直面する絶望を、身をもって知っている。引きこもりになって孤立し、心を病んだ末、自傷に及ぶ者が少なくない。そこまで苦しみ抜く前に、ぜひ日盲連などの団体を頼ってほしい。光をなくしても、外出はできるし、仕事に就くこともできる。相談の電話がかかってきたら、その一人を全力で助けたい。切なる願いを抱いて、この仕事をつづけている。

花ことばは「純情」

モーツァルトのセレナードやチャイコフスキーのワルツなどが次々に流れてくる。朝から陽気な音楽ばかりだな、と下堂薗は愉快になった。それにしても奥田さんはクラシックにほんとうに詳しい人だと感心する。

アンカーの森田も、奥田の解説に感心して吐息を漏らすようにうなずきつつ、単なる聞き手ではいない。

「わたくし、初めてこの曲の生の演奏を聴いたのが、お休みでウィーンに旅行に行っていた夏の庭園だったんです」

「さすが、メロディーメーカーのチャイコフスキーですね」

「曲想も非常にアバンギャルド、前衛的なチャレンジがありましたね」

優雅なコーナーが終わると、番組は残り十五分足らずとなる。この最後の短い時間をことのほか楽しみにしているリスナーが多い。「誕生日の花と花ことば」のひとときである。

この日の誕生日の花を、声で描く。

「ヤマハハコ。野山の山に、母と子ども、と書いて、ヤマハハコです」

キク科の多年草で、北海道と本州の中部以北で見られ、中央部に黄色い花があり、その周りを花弁状の白いものが取り囲んでいる様子を説明する。花ことばは「純情」である。毎日、朝五時前に聴こえるひとことは、ラジオをよすがに暮らす者にとって、三百六十五日に一度めぐってくる、自らへの、耳元でそっと贈られる温かな祝辞なのである。

「きょうがお誕生日のみなさん、おめでとうございます」

スタジオにある大きな窓ガラスの向こうは、すっかり明るい。代々木の森が広がっている。冬場は午前五時でも外は暗闇のままだが、いまの季節は朝日がまぶしい。そのことが、一晩の長い仕事を終えつつある自らの心までも明るくする。

生ある者、誰にも等しく朝は訪れ、一日をそれぞれに過ごしてゆく。幸いなことだけに彩られた一日を送る者ばかりではない。つらいことがあっても、悲しいことがあっても、なにかひとつの幸いによって、人は救われるのではないか。ほんの小さなうれしいこと、些細なよろこびが、一日を生きる糧になりうる。そうした願いを込めて、毎回、同じことばを、別れの挨拶に、ゆっくりと語りかけることにしている。

「きょうが、みなさんに、なにかよいことのある一日になりますように――」

祈るように穏やかな笑みを湛《たた》え、森田美由紀は、手元のマイクのスイッチを静かに切った。

（文中敬称略）

樽谷哲也（たるや　てつや）ノンフィクション作家。一九六七年東京都生まれ。雑誌を中心にルポルタージュや人物評伝などを執筆。流通情報誌「ダイヤモンド・チェーンストア」で「革命一代　評伝・渥美俊一」を連載中。

エリートが集う「リトル・インド」

今世紀に急増したインド人ＩＴ技術者たち

佐々木実

インド人学校の授業風景

ドナルド・トランプ大統領が誕生した際、「トランプ・ショック」が米国にとどまらず海外にまで広がった。とりわけインドでは意外な方面に影響を与えた。日本経済新聞は二〇一七年二月一日付のニューデリー発外電で報じている。

《インドで米新政権の政策が地元のIT（情報技術）サービス大手に打撃を与えるとの懸念が強まった。31日のインド株式市場でタタ・コンサルタンシー・サービシズ（TCS）など各社の株価が軒並み急落。売上高への寄与度が最大の米国で、インド人IT技術者が利用する渡米ビザの要件を大幅に厳格化する法案が提出されたと伝わったためだ。》

インド最大の財閥タタ・グループのTCSを筆頭とするITサービス企業は、インド人のIT技術者を米国の企業に派遣して稼いでいる。技術者を派遣する際、インド企業は「H－1B」と呼ばれる専門技術をもつ労働者のビザを米国で申請しなければならない。米国では、このビザをもつインド人を採用するかわり米国人を解雇して人件費削減をはかる企業もあり、「アメリカ・ファースト」の矛先が向けられた。実際、トランプ大統領は四月にH－1Bビザの審査見直しに関する大統領令に署名している。インド株式市場のトランプ・ショックは、インドがIT技術者の「輸出大国」であることを皮肉な形で証明したわけである。

じつは、日本も無関係とはいえない。いま、東京都江戸川区の西葛西を中心にインド人のコミュニティが形成されている。「リトル・インド」と呼ばれることもある。きっかけとなったのが、今世紀に入ってから急増しているインド人IT技術者。日本も「輸入国」なのである。

一九六〇年代の東京をレポートした開高健も、よもやインドからエンジニアが続々やってくる時代がくるとは予想しなかったにちがいない。なにしろ当時のインドは米国などから一方的に援助を受ける「低開発国」で、「第三世界」に分類されていた。十三億の人口を擁する現在のインドは違う。五十年前の日本を彷彿とさせる高度経済成長のただなかだ。アジア開発銀行の予測によると、二〇一七年の国内総生産（GDP）の伸び率は前年より〇・三ポイント増えて七・四％、翌年は七・六％に伸びる見通しだ。中国の経済成長が鈍化しているので、アジア経済の牽引役は中国からインドに交代するとみられている。

グローバリゼーションの荒波にのってやってきたインド人と、グローバルなビジネス拠点トーキョーが接触して生まれた〝リトル・インド〟。インド料理のレストランはもちろん、インド人の子供たちが通う学校があり、インド人が訪れるヒンドゥ寺院がある。IT技術者たちだけではなく、貿易商や飲食店関係者などが渾然一体となり、新たな移民社会をつくりあげようとしている。共同体ゆえに日本人にはいくぶん閉じられてもいる、東京に生まれた「小さなインド」を旅してみた。

色粉をぬりたくった集団

大企業の本社が集まる大手町駅から東京メトロ東西線で東へ七駅、江東区と江戸川区の区界を流れる荒川にかかる鉄橋を超えると、西葛西駅に着く。駅から南へ数分歩いたところに「子供の広場」と名づけられた公園がある。50m×25mのプールほどの狭いグラウンドがあるだけ。一七年三月十二日の快晴の日曜日、この小さな公園を目指して西葛西近辺からはもちろん、関東一円から押し寄せるようにインド人が集まってきた。「ホーリー祭」に参加するためだ。インドではよく知られた春の祭りで、あるインド人が教えてくれたところでは、日本の節分と似た祭事だという。

午前十一時ごろ公園に行ってみると、顔に赤、黄、緑など鮮やかな色粉をぬりたくったインド人ですでにごったがえしていた。公園脇にはインド料理の出店、奥の特設ステージでは大音響の映画音楽にあわせ、「ボリウッドダンス」を踊っている一団がいる。公園に足を踏み入れたとたん、ここが西葛西であることを忘れる。

「いいですか?」

目の前にあらわれた小柄なインド人男性が、赤い粉をまぶした指をかざしたまま声をかけてきた。ほっぺたに冷たい粉を塗られてみると、なにやら仲間意識がめばえ、互いの自己紹介がはじまった。

「ヴィカス・コトナラともうします」

派手な祭りだねというと、ヴィカスは紅色に染まった顔を寄せてきて、「インドではこんなもんじゃないよ」と囁いた。インド西部の内陸の都市アウランガーバード出身だという彼によれば、本来なら色粉だけでなく、水をかけあったりして狂喜乱舞する無礼講の騒々しい祭りなのだという。なるほどよく見ると、地面にはブルーシートが敷き詰められ、主催者の地元への配慮がうかがえる。そのぶん控え目になっているということらしい。

ヴィカスはインドのITサービス会社から派遣されて、日本の金融機関でビジネス・アプリケーションの開発やサポートに携わっている。三十二歳独身のIT技術者だ。西葛西駅まで電車で十五分の妙典《みようでん》駅(千葉県市川市)近くの賃貸アパートで暮らしている。

「休みの日はわたし、弓道をやりに行きます」。来日二年あまりにしては流暢な日本語でそういい、弓をひくポーズをしてみせた。弓道場に通いはじめて日本人の知り合いができたものの初老の男性ばかりで、同世代の女性はおろか男性とも話す機会がほとんどない、といかにも残念そうな顔でこぼした。

「リトル・インド」といっても、西葛西にインド人専用の住宅地区があるわけではない。インド人が群れをなして歩いているわけでもない。インドでは十月、十一月にヒンドゥ暦の新年を祝うディワリという祭りが行われるが、西葛西でもディワリはインド人たちの秋の恒例行事となっている。日本人が「リトル・インド」を体感できるのは、こうした野外イベントでたくさんのインド人を目にしたときにかぎられるといってもいい。

ホーリー祭には誰もが知る米国系金融機関の日本法人役員をしているインド人なども来ていて、「少なくとも五百人以上のインド人が参加した」とも聞いた。小さな公園が一日かぎりでインドと化したようなものだったが、それにしても、なぜ西葛西なのだろうか。

西葛西に起きた異変

ジャグモハン・スワミダス・チャンドラーニは六十四歳になるが、生まれてこのかたアゴ髭をそり落としたことがないそうだ。綿菓子のような見事な白い髭がアゴを覆い、胸までこぼれ落ちている。西葛西駅の北口を出て徒歩五分の場所に紅茶を輸入、販売する会社の事務所兼店舗を構える。すぐそばのインド料理レストランの経営者でもある。

コルカタ（カルカッタ）育ちのチャンドラーニは名門デリー大学を卒業後、二十六歳で来日した。一族は代々貿易商を営んでいる。大阪に住んでいた従兄がニューヨークに移ったため、「日本担当」として卒業してまもないチャンドラーニに白羽の矢が立った。

「まだ西葛西駅はありませんでしたよ。区画整理が終わったところで更地ばっかり。もちろんインド人はひとりもいません。農家はありましたけど、日本人だってほとんどいなかったんだから」

一年ほど新宿区の神楽坂で暮らしたが、輸入した商品を収める倉庫が必要となり、西葛西にたどりついたという。移り住んだのは昭和五十四（一九七九）年で、この年の十月に西葛西駅は開業した。

西葛西駅の南側の清新町に、現在多くのインド人が住む大規模団地がある。海を埋め立てた土地にこの団地が完成したのは昭和五十八（一九八三）年だ。チャンドラーニは土砂を積むトラックが行き交うのを見ていた。西葛西に初めて住んだインド人というより、江戸川区南部の海を埋め立てて開発された新しい街に移り住んだ第一世代なのである。

チャンドラーニがこの街の小さな異変に気づいたのは平成十（一九九八）年だった。西葛西駅の周辺でしばしば見知らぬインド人と出くわすようになったのである。

「このあたりに住むインド人は私の家族を入れて四世帯だけでした。それなのに若いインド人の男性を何人もみかけるようになって、おかしいなと。われわれ西葛西のインド人で相談して彼らと話し合う場をもとうということになり、会議室を借りました。声をかけたら、三十何人も集まってきてびっくりしたよ」

彼らはコンピューターの二〇〇〇年問題に対処する仕事をするために日本にきていた。西暦二〇〇〇年になるとコンピューターの年号認識に不具合が生じるのではないかと懸念され、金融機関などが対応に追われた。このとき活躍したのがインドのITサービス企業から大手企業に派遣された技術者たちで、大手町、茅場町、神谷町など都心で働いていた。

チャンドラーニたちは母国インドが「IT技術者の輸出国」となっていることに誇らしさを感じた。若い技術者たちは半年から一年の予定で単身来日して、ホテル暮らしをしていた。インドでもっとも多いのはヒンドゥ教徒だが、宗教上の理由などから豚肉や牛肉を食べないベジタリアンは多い。西葛西をうろついていたのは、自炊ができる賃貸物件を探すためだった。ここは都心に近く、比較的安い物件がある。

チャンドラーニは彼らの保証人になることもあった。「カルカッタ」というインド料理レストランも、もとはといえば食事の問題を解決するためにはじめた。このころ立ち上げた「Indian Community of Edogawa（江戸川インド人会、略称ＩＣＥ）」は現在も活動を続けていて、チャンドラーニが長らく会長をつとめている。西葛西のインド人コミュニティのルーツである。

森喜朗政権時代の二〇〇〇年八月に「日印グローバル・パートナーシップ」がインドと合意されたこともあり、二〇〇〇年問題後も、インド人ＩＴ技術者は増え続けた。西葛西では妻子連れも増え、ＩＣＥのメンバーが託児所をはじめたり、インドのテレビ番組をインターネットで視聴できるようインドのテレビ局とかけあったりした。ｅメールのメーリングリストを用いた情報交換が好評で、英語で受診できる小児科病院の紹介などが重宝がられた。

「いまではもう、カラオケのグループもあれば、出身地域ごとの集まりもあれば、インド人のグループはたくさん。誰が音頭をとるかはそのときどきですよ」とチャンドラーニはいう。

東京都の外国人人口統計（二〇一七年一月一日現在）によると、東京都内のインド人は一万三百五十四人いるが、三割を超える三千二百二十五人が西葛西を擁する江戸川区に住む。西葛西を核とする〝リトル・インド〟をあえて地理的に限定すれば江戸川区と西隣の江東区になるだろうが、両区あわせると東京のインド人のおよそ半数を占める（日本在留のインド人は二万八千六百六十七人〈二〇一六年十二月現在、在留外国人統計〉）。

給料はインドの四倍

ラジャンは西葛西駅近くの清新町の団地に住んでいる。専業主婦の妻と二歳になる娘の三人家族。インド南部出身者特有の黒い肌、毛髪は縮れ毛だ。最南端タミルナード州のラーマナタプラムで一九八四年に生まれた。インドのITサービス企業の技術者で、いまは日本の保険会社に派遣されている。年金を管理するシステムの開発やメインテナンスなどが主な仕事である。

父親は材木商だった。インドでは公立より私立の学校の方がずっと学習内容の水準が高い。ラジャンは私立学校に通って英語で授業を受けたのでもちろん英語は堪能だが、母語はタミール語だ。隣のケララ州の言語も理解できる。ヒンドゥ語は話すのはそれほど得意ではないが、日本語もかなり上手だから、五つの言語に通じていることになる。

大学は理系の難関校、国立工科大学（NIT）を卒業した。インドで最難関のインド工科大学（ＩＩＴ）と並ぶ有名大学だ。タミルナード州の州都にあるＮＩＴチェンナイ校で学んだので、大学生のときから故郷を離れた。

就職はまったく苦労しなかった。企業の担当者が大学まで出向いてきて、リクルート合戦を繰り広げるからだ。グーグルやマイクロソフト、タタ財閥のグループ企業などから話を聞いたが、最終的には大手ＩＴサービス企業のコグニザント・テクノロジー・ソリューションズ（ＣＴＳ）を選んだ。契約期間中の辞職にペナルティがなかったからだ。一年ぐらい勤めたあと、ＭＢＡ（経営学修士）を取得するために大学に入り直すつもりだった。

結果的にはＭＢＡは取得せず、ずっとＣＴＳに在籍し続けている。海外経験は豊富だ。入社して二年ほどチェンナイで働いたあと、初めての東京勤務は一年ほどだった。インド勤務を挟む形で、米国カリフォルニア州ロサンゼルスで二年半、二度目の東京勤務はもう三年近くになる。

ラジャンは二度目の東京勤務前、妻と見合い結婚をした。同じジャーティ（カースト制度の基礎になる共同体）の妻もＩＴ関連の仕事をしていたが、東京に移るのを機に退職した。

東京で働くメリットはなんといっても給料だ。インドでの勤務時のおよそ四倍になる。今の月給は五十五万円。月約十二万円の家賃は給料から支払う。毎日食事をつくる妻のために週末に一回はインド料理レストラン。たまに旅行にでると出費がかさむが家族のためだから仕方ない。

給料が四倍といっても、日本は生活費が高すぎるのでヘタをすればインド勤務より貯金が少なくなりかねない。できるだけ節約して、帰国したときにマイホームを購入するための資金を蓄えなければならない。娘の教育はインドで受けさせたいので、東京は長くてもあと三年ぐらい。帰国したら、もう海外勤務はしないつもりだ。

四十歳ごろには今の仕事は辞め、生まれ故郷ラーマナタプラムに戻ってまったく別のビジネスをしようと考えている。ＩＴの仕事は常に新しい知識が求められるし、給料の面でも若いほうが有利だ。同じような考えをもつ同僚は案外多い。あと二十年したら、インドは道路や交通網などインフラの面では日本と比べて遜色ない国になっているだろう。ラジャンはいまそう思っている。

ラジャンは独立行政法人都市再生機構（ＵＲ都市機構）の十四階建て賃貸マンションに住んでいる。同じ階の十三世帯のうち六世帯か七世帯がインド人家族だと話していた。インド人がめずらしくないせいもあるのだろう、朝の出勤時にあいさつする程度だという。

「葛西クリーンタウン」と名づけられたこの団地は昭和五十八（一九八三）年に入居が始

まった。東京都内では最後にできた大規模団地だ。

ＵＲ都市機構は通称「ＵＲ」と呼ばれている。西葛西周辺にはＵＲの団地がいくつもある。いまやインド人はＵＲのお得意様だ。ＵＲの賃貸住宅は礼金なしで契約更新料もいらない。インド人にとって重要なのが「保証人なし」で入居できることだ。

石川カマルはインド西部のマハーラーシュトラ州で育った。来日して十五年以上になるが、生粋のインド育ち。妻もインド人なのになぜ「石川」かといえば、日本に帰化したからだ。「日本がいいのは平和だから。平和が一番ですよ」と日本人になった理由を語るカマルは、プロゴルファー石川遼のファンなのだという。独身時代に帰化して、インドの永住権も持っている。

「メイド・イン・ジャパン」の工業製品に関心をもって来日したカマルは、はじめは大田区の自動車部品工場で働いていた。不動産業に転じたのは二年前だ。この二年間だけでＵＲの賃貸物件を五百件以上は仲介しているという。主要な顧客がインド人で、インド人客の九割はＩＴ技術者である。

「ＩＴの人は二十五歳から四十歳代までいますが、若い人が多いですね。年収はだいたい五百万円台から六百万円台。マネージャーなどで一千万円とか千四百万円とかの人もいる。

プロジェクトが終われば別のプロジェクトに移るから、一年の人もいれば三年の人もいるし、もっと長い人もいます。滞在期間が不安定だから、給料が高いとは思いません。インドに帰ったらもとの給料に戻るから」

カマルは西葛西駅北側すぐの小島町二丁目団地に住む。URの賃貸住宅だ。住民の四割ぐらいがインド人だろうという（URに確認すると、「統計はとっていない」とのことだった）。

江戸川区の別のUR団地で管理人に話を聞くと、団地の集会所を使用するのはインド人ばかりで、フェスティバルに備えてダンスを練習したり奥様たちだけでお茶会を催したりしているということだった。西葛西周辺のUR団地内を歩くと、リタイアしたばかりらしい初老の男性が所在なげに散歩する姿をたびたび見かける。ベビーカーを押しながら家路につくインド人若夫婦とのコントラストが鮮やかで、「企業戦士」の世代交代を目のあたりにしたような感覚にとらわれた。

カマルは、インド人が西葛西周辺に集まった理由はUR住宅だけではないという。「一番大事なのは、インド人の子供が通う学校があること」と断定的にいった。カマルにも四歳の娘がいる。

日本人も通うインド人学校

小島町二丁目団地でインド食材店を営むピライはふたりの娘を育てている。教育の話になると、店の客をほったらかして説明に熱がこもった。

「重要なのは教育だけね。教育の基礎がストロングなら、グローバルに生きていけますからね」

上の九歳になる娘は、学校の授業料など毎月の教育関係の出費が八万円ほど。妹も別の国際学校に通わせているのでたいへんだが、姉は算数があまり得意でないのでインターネット上で家庭教師を雇って算数を学ばせるという。

「インドではなく、アメリカの大学に行かせたい。ボストンあたりの大学がいいね。数学、英語の力をつけておくことが大事よ」

ピライは子供が通う学校として、日本の公立学校は選択肢にならないとはっきり言った。これは〝リトル・インド〟の住民の総意といってもいいだろう。英語で学ぶことができなければ、教育の意味がないと考えているからである。

〝リトル・インド〟はインド人学校の増設とともに成長した。「インディア・インターナショナルスクール・イン・ジャパン（ＩＩＳＪ）」が江東区に開校したのは二〇〇四年、二〇〇六年には江戸川区に「グローバル・インディアン・インターナショナル・スクール（GIIS）」が開校。同じく江戸川区で開校した「タトゥワ・インターナショナルスクール」は東日本大震災後から本格的に始動した。いずれの学校も小さな塾程度の規模で出発して短期間で生徒を増やしている。

都営新宿線の船堀駅から五分ほど北へ歩くと、荒川にかかる新船堀橋のたもとにタトゥワ・インターナショナルスクールはある。西葛西駅から北に三キロ。校舎はビルを利用していて、学校専用のグラウンドはない。転勤で来日したインド人と友人の日本人が創設した学校で、はじめは設立者の子供も入れて生徒は五人だけだったという。現在は全校生徒が四百人近くになり、三歳から十六歳までが在籍している。インド人が約七割で、約二割が日本人。江戸川区北葛西にも校舎がある。

日本でいえば幼稚園から小学校低学年のクラスの授業を参観させてもらったが、インド人の子供達にとけ込むように日本人の子供が座っていて、ぱっとみると見分けがつかない。授業はどの学年ももちろん英語。私語はいっさいなく、みんな先生の話を一生懸命聞いている。日本人の子供も流暢な英語で質問に答える。

教師の国籍はインド、日本のほかにドイツ、フランス、アメリカ、フィリピン、イギリス、ブルガリアなど文字通りインターナショナル。フェイスブックを創業した「マーク・ザッカーバーグ」、マイクロソフトの「ビル・ゲイツ」などの名前がそのままクラスの愛称になっている。生徒の親はやはりIT技術者が多いそうだ。インドでも教師をしていたイムラン・シェイクがいう。

「日本にはエンジニアをたくさん受け入れる土壌があります。インド人は中国にもいますが、レイバー（労働者）として働いている人が多い」

IT技術者は学歴で現在の地位を獲得しているので、学校を見る目も厳しい。タトゥワの特色は、イギリスのケンブリッジ式と呼ばれる教育カリキュラム。GIISとIISJはCBSEと呼ばれるインド式のカリキュラムを採用している。算数、数学を教えるインド人教師のアシャ・カーラが解説してくれた。昨年夏まではIISJで教えていたという。

「CBSEは記憶することに重点をおいたプログラムで、ケンブリッジ式は考えさせることに重点を置きます。CBSEはインドの学校が多く採用していて、たとえば歴史はインドの歴史を詳しく教える。インドの教育と同じような内容です」

転勤すると、子供をインドの学校や米国のインド人学校に転校させることになる。転校先が同じカリキュラムだとスムーズに転入できる。学校が増えたことで、子供の教育カリキュラムを選べるようになったわけである。タトゥワの年間授業料は六十万円台でGIISやIISJより若干低めだが、三校とも欧米系インターナショナルスクールと比べると破格の安さだ。学費はもちろん学校により異なるが、ざっくりいうと、欧米系の三分の一程度だという。はからずも、これが日本人を引き寄せる要因にもなった。

授業参観の際、八歳の日本人児童にどうして日本の学校に行かずここに通うのかたずねると、ふたりが声をそろえて「英語!」と元気よく答え、「大人になってからじゃ、苦労するからね」とひとりがつけ足した。西葛西に校舎があるGIISは生徒数五百人を超えるが、タトゥワと同じく約二割が日本人だ。親の職業を聞いたとき口ごもる子供がいたので、よく聞いてみると、お父さんは国家公務員だった。「日本人のご両親は比較的所得水準の高い方が多いです」というのが学校側の弁。学校では、インド人コミュニティに日本人が流入する逆転現象が起きているようである。

宗教やカーストを意識しない

かつて、インド人がもっとも多い都道府県は兵庫県だった。東京都が兵庫を上回るのは一九九〇年以降である。兵庫にインド人が集まったのは神戸という港があるからだ。長い歴史をもつ神戸のインド人商人のあいだでは、インド社会と同じように同一の宗教や同一のジャーティによって共同体が形成されている。ヒンドゥ寺院、ジャイナ教寺院、スィク教寺院があり、それぞれのグループの象徴となっている。

西葛西の〝リトル・インド〟は二〇〇〇年代以降に急激に増えたニューカマー（新参者）の集団であり、しかも短期滞在のIT技術者が多いので出入りが激しい。その裏返しとして、宗教施設がない。

正確にいえば、ヒンドゥ寺院があるにはあるが、〝リトル・インド〟のための寺ではない。ISKCON（International Society for Krishna Consciousness〈国際クリシュナ意識協会〉の略称）と呼ばれる、一九六〇年代半ばにインド人が米国で創立した宗教団体の寺。「ハレー・クリシュナ」と唱え続けるのが特色の新興のヒンドゥ教で、ビートルズのジョージ・ハリスンが関わったことで知られる。逆上陸する形で、今ではインドにも寺院を建てている。

日本で活動を始めたのは七〇年代だが、中野区から江戸川区の船堀駅そばに移ってきたのは二〇一〇年である。それまで日本人による活動が主だったが移転前後からインド人が関わるようになり、いまでは寺の運営方針を決める七人のメンバーのうち四人がインド人だという。ひとりに話を聞いたが、ムンバイ出身の彼は日本の有名なIT企業に勤務するIT技術者だった。

日曜の礼拝では日本人の信者たちが熱心に「ハレー・クリシュナ」を唱和するかたわらで、子供連れのインド人家族が静かに参拝している。この寺では、日本人僧侶がインド人から「プージャ（お祈り）」を頼まれることが増えた。「ムンダン」と呼ばれる、子供の髪を切る儀式などだ。西葛西周辺には僧侶がいないので、ISKCONの寺院にその役割が求められるようになっている。

インド研究者の神戸大学の澤宗則教授は、西葛西の新しいインド人コミュニティが神戸のインド人共同体と違う点は、宗教やカースト・コミュニティの集団的なアイデンティティを育む装置がほとんどないことだと指摘している。宗教施設がその典型だ。タトゥワ・インターナショナルスクール教師のカーラは、東京のインド人学校で育つ子供は宗教やカーストをインドにいるときほど強く意識しなくなると語っていた。インドで暮らせば、日々、自分が属する宗教やカーストを再確認させられる。逆説的だが、東京では、「インド人」というナショナリティによって自己を確認する傾向が強くなる。だから、「新しいインド人」が育つとカーラは考えている。

新たな共同体として

西葛西に「リアルなリトル・インド」を建設しようという動きがある。一般社団法人「リトルインド東京」は二〇一五年に設立された。ヨガ教室やカレーショップなどが立ち並ぶ「インドストリート」をつくるなどの目標を掲げるが、もっとも重要な課題がヒンドゥ寺院の建立だ。

リトルインド東京の発起人は江戸川インド人会会長のチャンドラーニと江戸川区議会議員の桝秀行。桝は、これといって特色のない江戸川区をアピールする方法を思案していた際、どんどん増えるインド人の存在に気づき、交流を深めるようになったという。

「寺院を建立する候補地は決めています。四億円程度と考えてはいるんですけど、建設費のめどはまだついてない」

IT技術者は出入りが激しく、長期のプロジェクトに巻き込むのは難しい。担い手の中心は「オールドカマー」になってしまうが、最古参のチャンドラーニはそれでも「リアルなリトル・インド」が必要だと説く。

「日本でこれだけたくさんのインド人が同じ地域に住んだことはなかった。ここはインド人のフロンティアですよ。わたしはインド人のためにファシリティ（施設）をつくりたい」

いずれ東京を離れるIT技術者と定住者とのあいだに温度差があるのは致し方ない。興味深いのは、チャンドラーニが「シンド商人」の末裔だということである。

シンド州は現在はパキスタンに属する。州都はパキスタン最大の港湾都市カラチ。シンド州はかつてはインドだった。一九四七年にパキスタンがインドから独立した際、パキスタンに編入された。チャンドラーニ家はシンド州タッタの地主で、カラチを拠点に国際貿易を行っていた。シンド商人である。

チャンドラーニがカルカッタで生まれ育ったのは、イスラム教の国として建国されたパキスタンが独立する際、両親が命からがらインドへ逃れてきたからだ。ヒンドゥ教徒が大量に難民化したのである。シンド州には一度も行ったことはないが、喪った故郷へのチャンドラーニの思い入れは深い。

近代国家日本が開国した際、いち早く日本にやってきたのがシンド商人だった。一八八〇年代のことである。シンド商人は神戸に共同体を形成している。チャンドラーニが来日する前、従兄が関西に住んでいたのもそのためだ。

UR住宅にインド人を送り込むことで〝リトル・インド〟に貢献している石川カマルも、

じつは、シンド商人の一統だ。祖父母の代にシンドからボンベイへ逃れた。母方の祖父の弟が今も神戸に住む。

多くのIT技術者を知るカマルは、「残念ながら、日本に興味をもつ人は少ないです」と明かす。関心事は日本でどれだけ蓄えを増やせるか。「日本にも原因はあるよ」とカマルは控え目に付け加えた。UR以外の物件ではインド人の入居を渋る家主は多いし、UR住宅でも「インド人の子供がうるさい」と隣人が苦情を寄せることが珍しくない。

よりよい報酬を求めて国際労働市場を渡り歩く技術者たちは、フェイスブックなどを介してつながる、いささかバーチャルな集団である。ニューカマー（新参者）がオールドカマー（古株）に支えられながら、〃リトル・インド〃は大海に漂う小舟のように存在している。

「リアルなリトル・インド」を西葛西に建設する試みは一筋縄ではいきそうにないが、そんなことに頓着せず、「新しいインド人」を育む学校で子供たちは学ぶ。東京に生まれた「小さなインド」では、グローバリゼーションという濁流のただなかに共同体を創造する実験が今日も密やかに進められている。

（文中敬称略）

佐々木実（ささき　みのる）ジャーナリスト。一九六六年大阪府生まれ。竹中平蔵氏の半生を徹底取材した『市場と権力「改革」に憑かれた経済学者の肖像』で大宅壮一ノンフィクション賞と新潮ドキュメント賞を受賞。

はとバスは進化し続ける

時代とともに新たな人気コースを作り出す

小林百合子

バスガイドの案内も魅力のひとつ

十八歳で関西から上京して二十年。気づけば東京での生活の方が長くなり、帰省で訪れる大阪駅では迷子になるようになった。

上京したての頃、地図を片手に歩き回った銀座も浅草も渋谷も今や生活の場。時折、観光名所と言われる建造物や商業施設に横付けされた観光バスを見かけると、「こんなゴミゴミした街のどこが面白いのだろうか」と思ってしまう。

ところが先日、そんな考えを一変させる出来事があった。とある取材で、はとバスのツアーに同行することになり、半日かけて観光名所を巡った。東京駅を出発し、皇居、浅草、東京タワーを周るというベタなツアー。全く興味を持てないまま乗車したのだが意外にも面白く、気づけばガイドが繰り出すめくるめく東京の歴史雑学を、熱心にメモしていた。

例えば馬喰町。今でこそ「バクロチョウ」と読めるが、上京当時は解読不可能だった地名のひとつだ。バスガイドの解説によると、「実はこれは江戸時代にこのあたりに馬市が立っていたことに由来します。当時、馬の仲買人は『博労《ばくろう》』と呼ばれておりまして、それが変化して『馬喰』となったそうです」とのこと。

車窓から見えるのは見慣れた東京の街なのだが、数メートルおきにトリビア満載の解説が入るものだから、みな車窓に釘付けになる。東京在住の私ですらそうなのだから、他県からやってきた人はなおさらだ。

正直言うと私は、はとバスをどこかで小馬鹿にしていた。だが、それは大きな間違いであった。はとバスは東京人が乗っても面白い。いや、東京に暮らしているからこそ、知られざる東京の歴史や表情が見えて興味が湧くという面もある。その日からしばらく、私は友人知人にはとバスの魅力を語りまくった。

だが、周囲の反応は驚くほど似通っていた。

「どうせ外国人ばっかりでしょ」

確かにパリでもロンドンでも、シティバスツアーに乗っているのは外国人観光客ばかりだ。それに比べると私の乗車したツアーはほとんどが日本人で、明らかに外国人だと判別できたのは「切腹」というロゴのスウェットを着た青年だけだった。

はとバス社集計のデータを調べると、二〇一六年度の東京近郊の定期観光バスの利用者数は約九十四万人。そのうち外国人は約八万人と一割にも満たない。日本人乗客のうち地方・東京のどちらが多いかは不明だが、いずれにしても国内観光客だけで年間八十五万人以上を集客するのは驚異的だ。インターネットが発達し、手軽に個人旅行を手配できるようになった時代に、あえてバス観光を選ぶ人がこれほどいるとは。

はとバスを通して東京という街を見てみたら、面白い側面が浮かんでくるのではないかと思った。

大人二百五十円

はとバスの創業は一九四八年。二〇一八年で七十周年を迎えた。当時の社名は新日本観光株式会社で、社名を「はとバス」としたのは一九六三年のことである。創業者の山本龍男は日本初の地下鉄を建設した東京地下鉄道出身で、戦前は都内の遊覧バス事業を手がけていた。敗戦直後の東京で、山本は観光の力で日本を復興させることを誓い、戦時中、東京都に事業移管されていた遊覧バス事業の営業権払い下げを要請。その後、観光会社としての形を整え、一九四八年、新日本観光株式会社を設立した。これがはとバスの前身である。

はとバス広報課の杉田真佑子さん（24）によると、はとバスの定期観光バス第一号が上野駅を出発したのは一九四九年の三月だったという。

「最初のコースは上野公園、皇居前、赤坂離宮（現・迎賓館）、浅草観音を三時間半で回るというもの。料金は大人二百五十円でした。車体の鳩のマークは創業とほぼ同時に登場しています。鳩が平和の象徴であることと、『必ず家に帰ってくる』という伝書鳩のイメージもあって、『平和・安全・快速』という意味も込められていました」

終戦から三年。東京はまだ復興の途上にあった。そんな中、平和の象徴である鳩のマークをつけたバスが街を走る様子を想像する。その風景は、復興の只中にある東京の人々をどれほど勇気づけたことだろう。徐々にその数を増やすはとバスは、東京の復興の証でもあったはずだ。

「高度経済成長期が到来すると、はとバスも飛躍的に成長を遂げました。一九五八年の東京タワー開業時には全国から観光客が殺到したそうです。その頃になると、はとバスは全国にその名を知られるようになっていたようです」（同前）

高度経済成長以降、はとバスは一気にその企画を多様化させていく。世は空前のレジャーブーム。一九五四年には銀座の東京温泉（日本初のサウナ施設）などを巡るコースが登場し、ダンスホールやヌードショーを楽しむ夜のコースも運行された。

また当時の二大レジャーを一度に楽しめる「ボウリング・ゴルフBGコース」や羽田空港からセスナに乗って空の遊覧を楽しんだ後、平和島から浜離宮まで観光汽船に乗車するなど、バス以外の乗り物を使った「立体観光コース」なるものまで登場。時間的にも空間的にも東京を楽しみ尽くすコースは、地方客のみならず、東京の人々をも魅了した。

そして一九六四年の東京オリンピックと時を同じくして、空前の東京観光ブームが到来。この年のはとバスの利用者数は年間百二十三万人と、過去最高記録を更新した。

はとバスOGの長谷井由紀子さん（75）は、その時代の熱気を肌で感じたバスガイドのひとりだ。

「私が入社したのは東京オリンピックの二年前のことです。もう死語かもしれませんけれど、あの頃のお客様は〝おのぼりさん〟っていう言葉がぴったりでした。女性は着物姿で男性は背広に山高帽。昔はみなさんおしゃれしていましたね。特に毎年十月の終わりから翌年の三月までは東北地方のお客様が増えました。多くは農業を営む方で、農閑期に東京観光にいらしていたんでしょう。地方の方に経済的余裕があった時代だったんだと思います」

当時、最も人気のあったコースについて聞いてみると、意外なことにオリンピック開幕中より閉幕直後の方が印象に残っているという。

「オリンピック記念コースというのがありましてね、国立競技場や日本武道館などの会場を見て回るツアーでした。観戦席に座っていただいたり、『ここは戦前、織田幹雄が三段跳びの世界記録を出したことでも知られています。電光掲示板は高さ七・四メートル、幅が二十五メートル。縦十段、横五十列の文字盤が並んでいます』なんてお話もしていて、今でも暗記しています。閉幕直後でしたからまだ残っていたんですよね、熱気とか匂いとかが」

オリンピック直後の東京には、競技場のみならず、街のそこここにスポーツの、そして国際イベントを開催したことに対する「熱」が残っていた。長谷井さんたちは車窓越しに、その夢の跡を伝えた。

「オリンピックを契機に東京が大きく変わりました。例えば当時、青山通りは道幅が半分で、都電が走っていたんです。そこがオリンピック道路になるというので都電を撤去して道幅を広げて。そのとき撤去した都電の敷石は代々木の屋内水泳場（現・代々木第一体育館）の玄関前に移して敷いたんです。そんなものをツアーで見学したりもしました。

あとは首都高環状線の築地トンネル。あそこはオリンピックの年に築地川を埋め立てて作った高速道路ですけれど、当時は左右にまだ水の跡とかミズゴケがはっきり残っていたんです。そんな話をすると、みなさん車窓からその様子を見て『え!?』と驚いていたのを覚えています」

女子寮の四人部屋

レジャースポットに集中していた人々の興味は、オリンピックを境に、劇的に変化する東京の「街」そのものに向けられ始めた。はとバスはそうした観光に対する人々の興味の変化を見逃さなかった。丸の内の高層ビルは絶好の夜景スポットに、急速に延びていく高速道路は爽快なドライブコースに。はとバスの手にかかれば、発展途上の東京の街はまたとない観光スポットになった。

そして東京オリンピックは利用客だけでなく、はとバスの顔ともいえるバスガイドにも変化をもたらした。それまで関東近県の女性しか対象にしていなかった採用を、バス増車にあたって日本全国に拡大したのだ。その当時のことを長谷井さんはよく覚えていた。

「当時の募集要項は身長百五十センチ以上、眼鏡不可。容姿というのもありました。実際、先輩は女優さんみたいに綺麗な方ばかりでね。当時の倍率は十倍以上でした。同期は鹿児島とか青森とか全国の出身で、私は横浜の生まれですから、色々な方言を聞くのが新鮮でした。おしゃべりしていると方言がうつってしまって、先生からよく叱られましたよ」

当時、ガイドのほとんどは高卒者。卒業式を終えると本社に集められ、デビューまでの一ヶ月半、厳しい研修を受けた。地方出身者は立会川にある女子寮に入り、ふとんくらいしかない小さな四人部屋で、励まし合いながら研修を乗り越えたという。

「中でも苦しかったのが教本の暗記でした。ガイドが喋る案内にはもちろん元ネタがあって、それらが記された教本は厚さ三センチほどもある立派なもの。新人ガイドたちは今も昔もそのネタ本を一冊丸ごと暗記しなくてはならないのです。乗車実習が始まると、教習担当の先輩、あとは会社のお偉いさんたちと一緒にバスに乗って、新人が代わる代わるガイドをします。どこを走っているときに当てられるかわかりませんから、とにかく全部覚えていないとダメです。中には覚えの悪い子もいて、お偉いさんから『あなたのところは確かご実家で商売をされていましたよね』なんて遠回しにリタイヤを宣告されたり。でもみんな、泣きながらでも必死にやってましたよ。だってバスガイドは当時、スチュワーデス、デパートガールと並ぶ花形職種。絶対ガイドになるんだという強い気持ちを持っていましたから」

長谷井さんもまた固い決意を持ってバスガイドを志した人だった。

「高校の修学旅行を担当してくれたバスガイドさんが本当に親切でね。ポニーテールをキュッと結って、それは綺麗な方でした。その姿に憧れましてね、自分も絶対にバスガイドになりたいって。ところが父が非常に厳格な人で、将来は事務員にでもなっていいお嫁さんになりなさいと。だから父には内緒で試験を受けました。はとバス入社後も、父は長い間認めてくれませんでしたね」

長谷井さんは三十三歳までバスガイドとして働き、その後は新人ガイドを養成する研修担当として勤務。両親の介護のために五十五歳で退職したが、十年前、はとバス六十周年記念として企画された特別ツアーのガイドとして、再びマイクを握り始めた。

「やっぱり私はバスガイドの仕事が好きなんだなって改めて感じていますね。はとバスのガイドは、ただ案内したり誘導したりするだけの存在ではないんです。お客様に存分に旅を楽しんでいただくためにご奉仕する仕事。私は今もそう思っています」

長谷井さんが「忘れられないお客様」として話してくれたエピソードが、その言葉を象徴している。

「確か一九六八年に成田山のご本堂が新しくなったのですが、それを見に行くツアーの中にご年配の方がいらしてね。現地についてもバスから降りようとされないんです。聞くと、足が悪くてご本堂までの階段をとても登れないと。他の人に迷惑がかかるから、ここで待っているとおっしゃる。それで私、その方をおぶってご本堂まで登ったんです。バスに戻ったら手が痙攣してしまって、マイクを握れませんでした。そしたら後日、その方が会社宛にお礼を贈ってくださったんです。刺繍が施された綺麗なブラウスで。それは勿体なくて着られませんでしたね」

「通天閣の方がいい」

二〇一八年五月五日。東京駅発の「東京半日Aコース」に私は乗車した。四月に入社し、地獄の研修を耐え抜いた新人ガイドたちが続々とデビューしていると聞き、長谷井さんの後輩たちの門出を見届けに来たのだ。

マイクを握るのは岩手県花巻市出身の髙橋実穂さん（18）。白い肌に赤みがさしたほっぺが可愛い東北美人だ。バスが東京駅を出発すると、まずは自己紹介と注意事項の説明。その後は車窓の風景に合わせて、例の東京歴史トリビアが展開されていく。

六回目の乗車となる髙橋さん。「緊張していますか？」と尋ねると、「慣れて来ましたけど、一回間違えると暗記が全部飛んじゃいそうで。気を抜くと訛りが出ちゃうので、それも気をつけないと」と苦笑い。昼食の時間も食べるのはそこそこに、教本を見て復習していた。

そういえばOGの長谷井さんも同じようなことを言っていた。

「新人の頃はもうテープレコーダーみたいなものでね、アドリブなんてとても入れられません。困るのはお客様から茶々が入った時で、特に関西方面からのお客様がいるときは大変。東京タワーと言えば『通天閣の方がいい』、銀座と言えば『心斎橋の方が賑やかだ』とかね。新人の頃はその茶々のせいで全部暗記が飛んでしまって困りました。関西方面の方は大抵東京駅発のコースに乗車されますから、東京駅発の日はちょっと憂鬱でした。その点、東北のお客様が多い上野駅発のコースは安心。みなさん物静かで、ガイドの解説を素直に聞いてくださったので（笑）」

時々ヒヤリとすることはあったが、髙橋さんは無事全ての案内を行い、バスは終点の東京駅へ向かう。駅舎が近づいてきた頃、はとバスガイド伝統の歌、「東京のバスガール」を披露した。やや震える歌声ではあったが、車内には手拍子が起こり、年配の方の中には一緒に口ずさむ人もいた。

過去十倍とも二十倍とも言われたバスガイドの採用倍率は、近年一桁台だという。今や花形職種とは言えないが、髙橋さんはなぜバスガイドになろうと思ったのだろう。

「もともと接客が好きだったのですが、岩手の求人にはスーパーとかしかなくて。それで高校の先生に勧められて、バスガイドもいいかなと」

彼女いわく、三十二人の同期の中には何かしらの消去法でガイドになった人も少なくはないらしい。しかしそんな意気込みで地獄と言われる研修を乗り越えられるのだろうか。

「暗記は大変でしたけど、それはもうやるしかないので。（バスに）乗ってしまえば意外となんとかなるものだなと」

じつにあっさりしている。これが平成生まれというものか。涙、涙の苦労話を期待していたこちらとしては、少々肩透かしにあった気分だ。

別れ際、「バスガイドはどんな仕事だと思うか」と有り体な質問をしてみた。あっさり塩味な答えを予想していたのだが、意外な反応が返ってきた。

「数回しか乗ってない新人が生意気かもしれませんが、華やかというよりは、努力が一番なのかなって。お客様には表面的な部分しか見えてないだろうと思っていたんですけど、自分が頑張ったら、ちゃんとそれを感じてくださっているのがリアクションを通してわかるんです。楽しんでいただくには、どうしたって自分が頑張らないといけないんです」

そこまで話したところで突然、ぽろぽろと涙がこぼれた。

「すみません、私、すぐ泣いちゃうんです。初乗車でも本社に帰って先生の顔を見たら泣いちゃって……」

さっきまで四十人超のお客さんの前でマイクを持っていたとは思えない、少女のような泣き顔。そうだ、この子はまだ東京に出て来てほんの二ヶ月の十八歳なのだ。その胸にどれほどの不安を抱えて人前に立っていたかと思うと、こちらまで鼻の奥がツンとなる。

レモンイエローの制服に袖を通した日から、彼女たちはバスガイドになる。毎日東京の街を走りながら無数の人に出会い、徐々に成長していく。でも大切なのはそこからだ。それはかつて数十倍もの難関を突破してきた先輩ガイドも通った道だ。

「東京のバスガール」は、バスに乗り続けることでしか生まれない。東京観光に花を添えるはとバスガイドの魅力は、東京の街と人があって初めて引き出されるものなのだ。

ガソリン調達交渉要員

今も昔も東京の変化を体感してきたのはバスガイドだけではない。ガイドと同じく日々東京の街を走る運転士たちもまた、目まぐるしく変わる東京の空気を感じていた。

一九七〇年に運転士として入社した森山幸輿《こうよ》さん（72）は、運転席から東京と会社の変化を見てきた。

「元は運送会社のドライバーをやっていたのですが、観光バスの運転士に憧れて二十四歳で中途入社しました。当時、観光バスの運転士と言ったら一目置かれる存在。道路で観光バスと行き合った時には必ずバスに道を譲ったものです。観光客を乗せているのと荷物とじゃ全然違いますからね。しかも道を譲った時に白い手袋を上げて『どうもありがとう』って言ってくれる姿が格好良くてね、ものすごく憧れました」

念願叶って運転士になった森山さんは、まだ十分な道路標識すらなかった東京近郊を勘を頼りに走ったという。

「当時はどんどん新しい道路ができていたでしょ。まだ地図なんてないですから、よく道を間違えましたよ。先輩のバスについて走っていても見失っちゃうものだから、そんな時はタイヤの轍とか排気ガスの残り具合を見て、『こっちだ！』って。初めて走った道は自分で地図を描いて帰って、運転士全員で情報交換しました。そうでもしなきゃ東京の変化にはついていけませんでしたから。今はカーナビもあるから便利ですけど、それでも大型のバスが通れなかったり、駐車しづらかったりする道はあるんですよ。そういうところに行った運転士たちは今でも手描きの地図を描いて帰ってきて、それを全運転士で共有する。本社には当時から今までに描かれた地図が全てファイルしてあって、運転士は誰でも閲覧できます。不便な時代に生まれた習慣が今も受け継がれて、それにより安全で快適な運転ができている。それは当時苦労した私たちからしたら大きな誇りです」

オリンピックの熱気が冷めると一転、はとバスの業績は陰りを見せ始めた。高速道路の開通やマイカーの普及が急速に進んだことで、観光バスのニーズが激減したのだ。それに追い打ちをかけるように一九七三年、オイルショックが勃発。燃料の調達が難しくなり、定期観光コースの本数を削減せざるを得なかった。

当時入社四年目だった森山さんは、都内観光で経験を積んだ後、徐々に地方へ行く長距離旅行の運転を担当するようになっていた。

「長距離運転はまだ駆け出しだったので、メインの運転士の交代要員として乗車していたんですけど、オイルショックの時期はほとんど〝交渉要員〟でしたね（笑）。なにせ地方に行くとガソリンを売ってくれない。『地元の人が優先だから、外の人には売らないよ』って。それはもう頭下げるしかないです。『東京まで帰れないんです』って。それでしぶしぶ三十リッター売ってもらって、また次のスタンドで交渉して三十リッター。注ぎ足し、注ぎ足しして、なんとか東京まで帰っていましたね。しかも当時のバスは馬力がないでしょ。高速道路でエンストしたりでもう大変。そういう意味ではオイルショックというのは観光バスにとって大きな転機で、それ以降ガソリンタンクが一気に大きくなったり、馬力がアップしたんです。おかげで安心して長距離走行ができるようになって、この頃からどんどん遠方へ行くツアーが増えました」

オイルショックによる低迷にあえいでいたはとバスは、バブル景気で業績を回復させたものの、バブルが崩壊すると不況がレジャー業界全体を直撃。一九九五年の阪神・淡路大震災や地下鉄サリン事件もあり、深刻な経営危機に陥った。

ピンチを切り抜けるために始まったのがコースの全面リニューアルだった。その際、コース作りを担当する企画課の提案で、それまでコース作りの足かせとなっていた「毎日運行」や運行人数についての制約が撤廃され、柔軟なコース設定ができるようになったのは大きな変化だった。それに伴い、二〇〇六年以降、業績も劇的に回復した。

それからのはとバスは名企画が目白押しだった。「あの時この街東京紀行」ではGPSを活用し、走行している場所の過去の映像を車内モニターに映し出した。「Tokyoテイクオフ!!　JAL工場見学とヘリコプター体験」では羽田空港の機体整備工場という、普段は立ち入れない場所を目玉とした。それは〈はとバスでしか体験できないプレミアムな東京観光〉。はとバスを東京観光の絶対的存在にまで押し上げたのは、希少性が高く、東京を何度訪れている人でも非日常を体験できる新感覚のツアーだった。

歌舞伎町でシンデレラ

二〇一八年六月二日。私は近年のヒット企画だという「川崎工場夜景ツアー」に参加していた。このツアーは二〇一〇年に運行が開始されたもので、京浜工業地帯の中枢を占める川崎の臨海地区を巡り、その夜景を楽しむというものだ。数年前に工場夜景ブームというのがあったが、このコースが運行された当時はまだ工場夜景は一部のマニアにしか知られていなかった。工場夜景ブームの火付け役といえるツアーなのだ。

夕方、東京駅を出発したバスは多摩川を渡って川崎へ。浜町にあるコリアンタウンへ向い、焼肉で腹ごしらえしてから夜景見物に出かけるのだ。参加者の構成は若いカップル、熟年夫婦、女子三人組、子供を含む家族、夜景マニアと思しきヲタク系男性。実にバリエーションション豊かだ。

夕食後は工場夜景に詳しい案内人が同乗してくる。これまた風貌も話し方も工場夜景マニア然としたお姉様で、車窓から工場の煙突群が見え始めると「お気に入りの煙突」、「絶対撮影するべきパイプ」など超マニアックなガイドを展開する。その後は公共施設の展望台に登って落日を見たり（日の入り時間ぴったりに現着！）、工場が間近に見えるスポットでその迫力や音、匂いを体感したりと、ディープな工場夜景の世界に入って行く。ハイライトは臨海部の工場群と羽田空港を離着陸する飛行機の夜景を楽しめる川崎港からの眺望。驚いたことにこの鑑賞スポットは、とある倉庫会社の屋上。社員以外立ち入れない場所だが、粘り強く交渉して許可をもらったそうだ。

はたして「川崎工場夜景ツアー」は大満足の内容だった。はとバスにはこれ以外にも「講釈師と行く夜の怪談クルーズツアー」や歌舞伎町のホストクラブを体験できる「今宵の貴女はシンデレラ」など、エンタメ度高めのコースが並ぶ。東京人にも東京観光をさせてしまうという企画力の高さ。はとバス人気の秘密は、どうやらここにありそうだ。

現在、はとバスの東京近郊の定期観光では春夏秋冬に分けて、年間約二百のコースを展開している。その企画を担当する企画課の人数はわずか三名というから驚く。二〇一七年秋に企画課へ配属となった鏡邦寛さん（30）は、今まさに秋の新ツアーの企画を練っているところだった。

「会議では、各自が気になっている場所や施設、キーワードを持ち寄って、それを組み合わせる形で企画を構成していきます。例えば『年末ジャンボ宝くじ金運祈願コース』の場合は、まず『年末＝宝くじ』を入り口に、『開運のためにパワースポットも巡ろう』、『福にかけてランチはフグ料理にしてはどうか』といった感じで、アイデアを合体させたものなんです。さらに当選が出ると評判のスタンドに専用レーンを作って、はとバスなら並ばずに買えますよと。うちだけのプレミアム感を出すのも集客に関わる大きな要素です」

時代の空気を敏感にキャッチし、これでもかという肉付けを施し、最後に「はとバス限定」というプレミアム感をトッピングする。それが昨今のはとバスのヒットの方程式だ。

では、こうしたエンタメ性溢れる企画作りは、いつ始まったのだろう。

「創業当時はベーシックな東京観光が主流でしたが、時代とともに内容を変え、今に至ります。高度経済成長期にレジャー施設を巡るツアーがヒットしたり、バブル時代にはジュリアナ東京にバスを横付けして見学したり、女性限定でウエディングドレスを着て写真を撮影するという体験ツアーも人気でした。ヒット企画には時代時代の世相が色濃く反映されていると感じます」

そして今、はとバスは川崎の工場地帯を走り、東京の街角に隠された怪談スポットを巡っている。

企画課の鏡さんが続ける。

「正直、東京という限られたエリアの中で、どんどん新しい観光名所を探すというのは難しい。今は個人でも最新の情報を入手できる時代ですから、最先端を追いかけても魅力に繋がらないんです。そこで注目したのが工場夜景などの普段は足を踏み入れないけれど、行って見たら楽しいかもというスポット。東京に残された秘境的な部分とも言えますね」

東京に新しい観光名所がないなら、視点を変えて新しい名所を作ってしまおうということか。

ちなみに最近の人気コースは、建設中の新国立競技場を見に行くツアーだとか。言ってしまえばただの工事現場なのだが、そんなものがツアーの目玉になるとは……。

「建設中の競技場は今しか見られません。まさに期間限定の秘境です」

二〇一八年六月十一日。鏡さんが推していたツアーに参加してみることにした。その名も「東京コンストラクション」。大雨にもかかわらず、七割ほどの座席が埋まっている。

ツアー行程は東京駅を出発後、建設中の新国立競技場横にある日本青年館ホテルの最上階から建設風景を鑑賞し、その後お台場へ。松本零士デザインの観光汽船「ホタルナ」で隅田川を上り、浅草へ出る。隈研吾設計の浅草文化観光センターの屋上から雷門と仲見世通りを一望。最後は東京スカイツリーを訪れ、普段は見られないタワー足元部分の構造を見学する。「コンストラクション＝建設」をキーワードに東京の名所を巡りまくる盛りだくさんのツアーだ。

目玉はもちろん建設中の新国立競技場だが、驚いたのはその見学場所。神宮外苑の日本青年館ホテルにバスが着くと、コンシェルジュとともに最上階の特別スイートへ。窓の真っ正面にクレーンが立ち並ぶ競技場が見えた。実はこの特別スイートも、はとバス企画課が探した競技場鑑賞のベストスポット。ホテル側と交渉して、特別にツアーに組み込ませてもらったのだそうだ。それにしてもクレーンが忙しく動く工事現場を熱心にカメラに収めている人々の様子は、なかなかシュールだ。

車窓に透ける半歩先の未来

思えば五十四年前、長谷井さんと一緒に閉幕後のオリンピック会場を訪れた人々もこんな感じだったのではないだろうか。かつての〝おのぼりさん〟が、選手のいない国立競技場の観客席でポーズを取ったのと同じように、目の前にいる客もまた、まだ全貌の見えないがらんどうの競技場をバックに、笑顔でスマートフォンに収まっている。

話を聞くと、ツアー参加の動機は十人十色だった。福井から一人で参加していた女性は、

「夫の出張についてきたが、日中はひとりなので夫の勧めではとバスに乗ってみた」と言う。広島から来た男性四人組は建設会社の慰安旅行。仕事柄、建設関係のスポットを回ると慰安ではなく研修旅行という体裁になり、予算がつきやすいとか。なかなかちゃっかりしている。大阪からの母娘ははとバスのヘビーユーザー。最初は土地勘がない東京を効率よく回るために参加したが意外にも面白く、以来リピーターらしい。

話を聞けただけでも、実に様々な人がいた。そして、印象深いのは「なぜこのコースを選んだか」という問いに対して、ほとんどの人が「新しい競技場が気になるから」と答えたことだった。「東京オリンピックがどうなるか、楽しみだ」と。

戦争から約七十年。東京は目覚ましい復興を遂げ、高度経済成長、東京オリンピック、その後のオイルショックとバブル景気などを経て今に至る。そして二〇二〇年に二回目の東京オリンピックを控え、東京はまた大きく変化する時を迎えている。

はとバスは七十年間、浮き沈みを繰り返す東京を走り続け、時代のムードを敏感に察知しながら、常に時代の半歩先を行く東京観光を生み出してきた。だが、考えてみれば、今の東京には観光的未開地はほぼ残されていない。そんな中ではとバスが生き残ってきたのは、知的好奇心という、人間の内にある「興味の未開地」を開拓してきたからに他ならない。タモリが毎回うんちく混じりにさまざまなスポットをそぞろ歩くテレビ番組「ブラタモリ」に多くの人が夢中になるのもまた、私たちの好奇心の未開地へとタモリがナビゲートしてくれるからだ。

では、これからの東京はどうなっていくのか。はとバスの行く先に、東京の「半歩先」の未来があるとするなら、そこにあるのはクレーンが乱立するオリンピック競技場、そしてそれをひと目見ようと国内外から訪れる人々の姿だろう。二〇二〇年、オリンピック開催を迎えたとき、東京の街はこれまでにない熱気と面白みを帯び、再び人々に熱狂と希望を与えるかもしれない。

戦後の焼け野原を走ったはとバスは、復興の途上にある人々に勇気と夢を与えた。今、東京の街を走るはとバスを見る時、私は七十年前の人々と同じ、希望めいたものを感じる。何があってもあのバスが走っていれば東京は大丈夫だ、そう思えてくる。その先に、まだ見ぬ輝かしい東京の姿が、ぼんやりと浮かんでくる。

小林百合子（こばやし　ゆりこ）編集者・エッセイスト。一九八〇年兵庫県生まれ。ドキュメンタリー番組制作会社、出版社勤務を経て独立。著書に『山と山小屋　週末に行きたい17軒』、『山小屋の灯』、『いきもの人生相談室　動物たちに学ぶ47の生き方哲学』などがある。

八丈島の漁師と青梅の猟師

東京の南端と北端には野性の時空間が残る

服部文祥

八丈島の漁師・赤間さん（左）と筆者

青梅の猟師に仕留められた鹿

◆東京都八丈小島宇津木横瀬根、都庁から直線距離約三百キロの磯

船を離れてから十秒ほどしか経っていない。

「きてる、きてる。海に入れ！」

赤間憲夫さん（70）が、海面から顔を上げて叫んだ。軽やかな動きで船から海に入り、銛を手に私も海に入るべきか、赤間さんの魚突きを観察すべきか。横目で赤間さんの動きを見ながら、ウエットスーツのフードをかぶり、水中眼鏡をかけた。

赤間さんは海中を覗くように、再びうつぶせになって動きを止めた。何かが起きている。

赤間さんが深くお辞儀をするように上半身を曲げて、水中に没した。ロングフィンはまだ水面に見えており、深くは潜っていない。銛を発したのが身体の動きからわかった。海面に顔を上げることなく銛をたぐっている。海面から飛び出している銛の後端が激しく振動し、その揺れるテンポと銛をがっしりとつかむ赤間さんの動きから、仕留めた獲物のサイズがわかった。大物だ。

「何やってんだ、早く来い。カンパチいっちゃうぞ」

海面から顔を上げた赤間さんがふたたび叫んだ。

「早く来い。ほれほれ！」

赤間さんの声には怒気さえ感じられる。運良く回遊に遭遇したカンパチを一尾でも多く仕留めるために漁に加わって欲しいようだ。

ロングフィンを履き、滑り止め付き軍手を装着してゴーグルをかけた。スノーケルを咥え、身体を預けるようにするりと海中に入った。ウエットスーツの隙間から浸入してくる海水が冷たい。

※

できるだけ自分の力で山に登りたいと思い、登山中の食料を現地で調達することにした。その延長で狩猟も始め、十二年が経った。

自分の食べ物を自分で獲る。都市で暮らすなら、それは非日常の行為である。だが、食料現地調達の登山（サバイバル登山と呼んでいる）を始めてみると、それは世界観を根本から揺さぶられる体験であった。

衝撃の核心は「殺し」である。そこには食料を得て生き延びた喜びと、自分が生きるために他者の命を奪うという、原罪ともいえる矛盾が含まれていた。

東京ではファーストフードから美食まで、食べる側が命のやり取りにまったく加わらない「肉」や「魚」が世界一といっていいほどの規模で消費されている。一方、東京でも、直接命のやりとりに従事する「獲物師」が存在する。それどころか東京の森と海は、大物狩りの歴史が濃い一大ハンティングワールドなのだ。

東京の一部であっても、命のやりとりをその手で実践するものは、特有の死生観、獲物哲学を持っている。例えば奥多摩の国道で、車と接触してうずくまる鹿を見て、普通のドライバーは顔をしかめるだろう。だが、猟に従事する者は頬を緩めて考える。「うまいかな?」と。同じ東京に、世界の見方がまったく違う人間が混在しているのだ。

百年ほど時間を遡れば、東京であっても食料の自己調達率はかなり高かったはずだ。傷ついた動物を見て、旨いかどうかをまず観察するワイルドな生き方のほうが多数だったはずである。大都市の隅でたくましく暮らす「狩り」の生き証人に会うために、東京の南端と北端を旅した。二〇一七年の初夏のことである。

カンパチの群れと対峙

登山と狩猟を主な活動にしている私の周辺には、スピアフィッシング(魚突き)をする友人も多い。そんな仲間の一人から、素潜り漁の「腕一本」で生きてきた伝説の漁師が八丈島にいると聞かされていた。

素潜り漁とは、息を止めた閉塞潜水で海中に潜り、銛で魚を突くものだ。銛を突き込む動力は一本の太いゴム。海面をスノーケリングで移動したり、魚の居そうな根の周辺で潜水を繰り返して、魚を探し出し、慎重に近づき銛で突く。深度は魚種にもよるが十〜二十メートル。基本的なターゲットは根魚だ。食べておいしく、銛で突きやすい、イシダイ、イシガキダイ、ハタの仲間を狙う。砂底のヒラメは格好の獲物だ。

だが、いま赤間さんの目の前を泳ぐのは大型のカンパチのようだ。怒気を孕んだ赤間さんの言葉に促され、私も海に入った。

周囲の水深は十メートル以上。身体は浮くようにウエイト（潜水用のオモリ）を設定しているが、それでも足がつかない深さの海に漂うのは怖い。その淡い恐怖を飲み込んで、軽くフィンを蹴る。自分の下はすべて淡い青に染まっている。

視界の隅を青白ツートンカラーの流線型が泳ぎ抜けていく。初めて目にする大きなカンパチの群れだった。細かく振動する尾びれからひゅひゅっと音が聞こえてきそうだ。

水中右手に目をやると、赤間さんの銛先でカンパチが暴れていた。傷口からは紫煙のような血が海中に滲んでいる。ブイにつながるスカリにはすでに二つのカンパチが下がっていた。もう三尾も突いたのだ。

私のすぐ目の前、手を伸ばせば届きそうなところにも、丸まると太ったカンパチが数十尾。こちらを気にするそぶりはなく、見慣れない人間を観察するかのように海中を漂っている。「カンパチは好奇心が強い」とは昨晩、赤間さんから何度も聞いた習性だ。

私はゴムをいっぱいに引いて、カーボン製のチョッキ銛の真ん中を掴んだ。ゴムの逆端は銛の後端に結ばれており、手を放せば、ゴムの張力で銛は前に飛んでいく。

海水を頭で押すようにぐっと上半身を乗り出して、身体を海中に沈める。銛の先を目の前のカンパチに向けた。カンパチが右目で私をじっと見ている。その体のど真ん中を狙って、私は手を放した。

どん、と鈍い振動が水中を伝わって、銛先がカンパチを突き抜けるのが見えた。傷口から血が吹き出して海水に消える。海面に一回顔を出し、船に向かって泳ぎながら銛をたぐった。

船の横まで来てからカンパチを抱えるように押さえ、エラに指を突っ込んで引きちぎった。血が煙幕のように吹き出し、一瞬周辺の視界が閉ざされる。この血抜きをすることで、突いた魚をよりおいしく食べることができる。七十センチくらいだろうか。チョッキ銛を外し、船に魚を上げた。

はじめて突いたカンパチだった。だが、感慨に浸っている場合ではない。群れはまだすぐそこを回遊しているのだ。

潜りでは負けない

カンパチの群れは去り、一旦船に上がった。十五分ほどのフィーバーだった。突いたのは赤間さんが七尾、私が四尾。獲物を目の前にした「尖った興奮」は去り、船上には丸い興奮が溢れて、赤間さんが饒舌になっていた。

「本当の漁師は、中学校を出たら船に乗らなきゃダメさ。俺は本当の漁師じゃない」

私が見た技は赤間さんの漁のほんの一端であることはわかっていた。それでもその凄腕に驚く私に向かって、口にしたセリフだった。

「若くて吸収力があるうちに船に慣れ、漁の知識や技術を身につけて、漁師の身体を作るくらいじゃなくてはね」

一流になるためには、という意味だ。赤間さんも漁船に乗る。だが船の漁では、胸を張って漁師を名乗るほどの深みに達していないと感じるのかもしれない。

「だからこそ〝潜り〟では誰にも負けたくないと思ったんだ」

赤間さんの両親はもともと硫黄島に住んでいた。太平洋戦争のあおりで島の要塞化が進み、本州に引き上げていたが、赤間さんが生まれてすぐ、当時もっとも生まれ故郷の硫黄島に近かった日本の領土、八丈島に移り住んだ。その頃、小笠原諸島はアメリカに統治されていた。

「子供の頃から海で遊んだり、雑魚を釣ったりしたけど、潜りはそんなに得意じゃなかった。深く潜ると耳が痛くてね」

大学を出て八丈島に戻ったのは四十数年前、二十代前半の頃だ。転機となったのは奄美の知り合いに耳抜きの技法を教わったこと。耳抜きをして潜ったら、誰よりも潜れた。

高度経済成長に沸きたつ世の中にあって、元手のない赤間さんは生活費を稼ぐために、体ひとつで海に潜るようになった。赤間さんは獲物を追うのが好きだった。そして体力に任せて海に出ているると、腕が磨かれていった。

「時化てないときは、毎日毎日、実益を兼ねた訓練。潜るのが目的じゃない。獲物がいるから潜るんだ。もちろん危険もある。でも獲物の命を奪うんだから、それが当たり前さ」

一九七〇年代、「(カツオは)八丈で揚がったものが日本一」と築地で言われ、島はカツオ景気に沸いていた。だが逆に、十二月からカツオ漁がはじまる三月まで、島は漁の閑散期になり魚の水揚げが減った。

そんなとき、自動車の板バネを加工して三つ叉の銛先を作り、電話線を埋め込む鉄パイプにつけた拙い銛で、オナガメジナを突いたのが赤間さんの突き漁のはじまりだ。島の人はメジナが好きで、島の魚屋に高く売れた。島の周辺には七、八十センチのメジナがまだたくさんいた。

「腕に防水の懐中電灯を縛り付けて夜突きもやったよ。ライトで魚の目をくらませて、目の後ろを狙う。口をぴーっとあけたときは、急所にはいっているから、銛をすぐ抜いて、もう一尾突く。ひと潜りで二つ突いた。昔はいっぱいいたからね」

当時、八丈島の海にはトコロテンや寒天の原料であるテングサが溢れていた。テングサ漁は潜水マスクをつけて潜り、船からコンプレッサーで空気を送る。そうした海中作業は島で広く行なわれていたが、赤間さんは空気ホースを繋いではできない潜水作業を好んだ。

「船上の親方に怒鳴られながら、海に潜って、イセエビの網を仕掛けたり、引き上げたりしたよ。いいときは一日で三十万円も水揚げがあった。カンパチは暗いうちから海に出てスノーケルでキビナゴの群れと一緒に泳ぐのさ。カンパチの群れがくるまで、一日中、海に浮かんで待っている。『それ来た！』となったら、船に合図して、俺が泳いで網を引きながら取り囲む」

船長と二人でそんな漁を繰り返した。少人数のほうが分け前が多いからだ。時には一トンほどのカンパチが網に入り、あわてて仲間の力を借りるために陸《おか》に走ったこともある。

海は生きてるから

八丈島の獲物の変遷や環境の変化などをさらに聞こうと、赤間さんに質問を重ねた。だが、赤間さんは「海は生きてるから」と首を傾げ、変化にはあまり興味がないようだった。今日は豊漁でも明日は大時化。そんな一期一会ともいえる海との関係に、時間軸を下敷きにした客観的な分析は意味をなさないのかもしれない。

「昔はさ、ウミガメも儲かったね。剥製屋に売るのさ。甲羅のきれいな大きなヤツがいたら、獲る前から値段がわかった。肉もうまいし、濃いダシも出る。ウミガメのスープといえば欧州じゃ貴族の料理でしょ」

巨大なハタを突いて、水揚げしたこともある。大きすぎて秤に載せられなかったという。

「尾ビレが垂れて地面についた状態で百四十キロだったから、百五十キロはあった。身が硬くて、あんまり旨くなかったけどな」

大きなハタは島の沿岸にけっこういた。今ではほとんどいない。

冗談で「赤間さんが獲りすぎたんじゃないですか?」と聞くと、「突き漁で根絶やしにすることはないよ」と赤間さんは笑った。

網を引く漁は、小さな魚や生息数が減っている魚まで獲れてしまう。だが突き漁は魚を確認しながら、必要なだけ獲る。身一つで行うという物理的肉体的な限界があり、獲物に対してフェアで、生態系への影響は小さい。

「温暖化の影響とかそういうのはわからないけど、魚は昔より小さくなってるね。漁師が獲り過ぎて大きくならないんじゃないかな」

近代的な漁法の普及が原因かはわからないが、水産資源は減ったように見える。さらには磯焼けと言われる現象で、八丈島のテングサ着生量は大幅に減り、九〇年代前半に五百トンほどあった水揚げが、今ではほとんどない。テングサだけではない。かつて島を潤わせたトビウオやムロアジの漁獲高も激減し、昭和五十七年に約二十億円とピークを迎えた島の漁業関連売上高は、平成二十六年には九億円台へと半減している。漁師の数も百人を少し超える程度だ。八丈島の漁業は今でも東京で一、二を争う水揚げ量を誇るが、ゆったりと衰退に向かっているようだ。

かつて赤間さんは福井で開かれた日本素潜り漁選手権で優勝し、ブルーオリンピックと言われる素潜り漁の世界大会に日本代表として参加したこともある。

「素潜り漁はさ、みんながそれぞれ工夫して、努力して、切磋琢磨する。それがいいんだよ」

長時間、閉塞潜水を繰り返す魚突きは、肉体的苦痛が激しく、溺れるリスクがすぐそこにある。そんな漁を説明するのに、赤間さんはスポーツという単語を繰り返し口にした。

陸生動物が呼吸できない水中に、息を止めて深く侵入し、突く魚を自分で決め、対峙し、銛を突き通す。銛が肉体を貫通する衝撃は水を介して伝わってくる。銛に刺された魚は、身をくねらせ、血を流しながら、激しく暴れる。それらをすべて自分の肉体で引き受けなくてはならない。出会いと覚悟の連続だ。赤間さんがいう「スポーツ」とは自己鍛錬やフェアネスという意味である。

「潜りだけが上手くても魚突きはできないよ。海を見て、潮見て、底を見て、身体すべてで考える。身体が感じるほうに獲物がいる。潜るのは深くても三十メートル。潜って突いて、また潜ってを繰り返しているうちに、大物に出会える。潮の流れがあるところは潜って流されながら魚を探す。泳いで戻れなければ、岸に上がって戻って、また潜る」

赤間さんは遠くを見た。

「もう一度、若い頃に戻って、無心で漁をしたいねえ」

◆東京都青梅市二俣尾、都庁から直線距離約三十五キロの山中

「見切り」と呼ばれるケモノの痕跡探しがはじまった。

まだ朝六時過ぎだが、都内各地から集まった狩猟者たちの声が無線で盛んに飛び交っている。各々地域を分担して、イノシシの足跡《アシ》や食痕《ハミ》を探す。四、五月は竹林とジャガイモを植えたばかりの畑が見回りのポイントだ。竹林や周辺のケモノ道はもちろん畑を持つ住民の声も重要な情報になる。「学校の横」とか「フルヤさんちの畑」といったローカルな場所、「去年、センセイが二十貫のシシを止めた竹林」など、仲間内しか通じない言葉がやりとりされる。

有害獣駆除を見学させて欲しいと無理を言って、青梅猟友会の猟に参加した。参加と言っても、私は隊員ではないので銃を持たない。

「タキさん」と呼ばれる、乾いた声の主がリーダーのようだ。同行している猟友会会長の佐々木善松さんが、タキさんから指示を受けて、林道から住宅地に下り、奥の雑木林へ向かった。山の斜面に新しいアシはない。一旦戻りかけたが念のため、奥の竹林を確認することにした。

そこに「今朝タケノコを食べました」というイノシシのハミがあった。「見に来てよかった」と佐々木さんが安堵の笑みを浮かべている。

状況を聞いたタキさんが「俺が見る」と無線を切った。どんな怖い親方が現れるのかとドキドキして待っていると、イガグリ頭の人の良さそうな小柄なオジサンが軽トラから下りてきた。動きが闊達で、見ていて気持ちがいい。

「いいハミがあったって?」

瀧嶋康廣さん(67)だった。挨拶しながら、取材させてもらうことを告げるが「そう」とほとんど反応はない。「昨日なら、大きなシシが止まったのになあ」と瀧嶋さんのつぶやきが聞こえた。

案内猟師の末裔

瀧嶋さんは青梅で代々案内猟師を務める家に生まれた。

奥多摩湖の工事で出た土砂や石灰を運び出すために、多摩川沿いの道路や青梅線は戦前から今と同程度に整備されていた。昭和期には、その鉄路を使って都心の裕福な狩猟者が頻繁に遊びにきた。彼らを案内するのが祖父の仕事だったのだ。

「お客さんはお金持ち。みんな道楽の鳥撃ちさ」

生まれてすぐに瀧嶋さんの父親は亡くなり、猟師の祖父に育てられた。だから狩猟はまさに生活の一部だった。瀧嶋さんも野遊びが好きになり、猟師になることに何の疑いも持たなかった。

「ヤマメ釣りか空気銃かウサギ追いくらいしか、遊びがないんだから。家業が猟師だし、空気銃のパッキン交換にも中学生の俺が電車に乗って行ったりしたな。鉄砲は二十歳で免許を取ったから、もう四十七年やってるよ」

猟友会の仲間が「タキさんは鮎釣りでも日本一さ。あんなに釣る人はいないよ」とリーダーを自慢する。そんな青梅や多摩の自然を知り尽くす瀧嶋さんだが、キジとヤマドリから鉄砲を始め、その後ウサギを撃つことから大物猟に入っていった。

「ウサギをひとりで撃てるようになれば、イノシシだ鹿だはわけねえよ。ビーグル犬の鳴き声からウサギの逃げ道を予想して、待っているのさ。コツは、そうだなあ、青梅の猟師に聞けばある程度はわかるよ。後は自分で考えて、修正する。山を見る目だな。ウサギ狩りは方程式がないからな。自分の勘だ」

今は案内猟師を雇って狩りをする裕福なハンターはいなくなった。だがウサギ猟などで鍛え上げた力量で、瀧嶋さんは青梅の有害獣駆除をまとめあげる親方になった。

「四十年前は青猟会の主要メンバーだけでも五十人はいたよ。まだ俺は若くて、仲間にも加えてもらえなかったけどな」

五十年前、青梅猟友会では地区会員は三百五十人を越えていたが、いまは五十人程度だ。全国でみても昭和五十五年には猟銃所持者が四十五万人いたが、平成二十四年には十万人を切った。一方、東日本大震災とそれに伴う原発事故以来、若者の間に足元の生活を見直そうとする静かなムーブメントが広がり、狩猟も見直されつつある。例えば女性ハンターはこの十年で倍増、罠猟の登録者数も増えている。だが銃猟のハードルはまだまだ高い。

東京でもケモノは確実に増えている。原因として考えられるのが、都が約三十年続けた鹿の捕獲規制だ。オスは一日一頭、メスは全面的に捕獲禁止。さらには温暖化で雪が減ったこと、狩猟者の減少などで五十年前には青梅では見ることのなかった鹿が急増した。イノシシも人里の畑を荒らすようになった。かつては通常の狩猟期に人里に近づく個体を撃てば、生息数のバランスはとれたが、それさえ難しくなっているのが現状だ。

近年では全国で二百億円前後の被害が報告され、東京でも害獣による農林業への負の影響が深刻化。そのため青梅猟友会には年間で鹿六十頭、イノシシ八十頭の捕獲依頼が行政から舞い込み、瀧嶋さんらは年百日以上も出動している。

※

イノシシのアシとハミが残る竹林に瀧嶋さんは入っていった。

「これがタケノコを食べた痕」

「夜から今朝ですよね」

「うん、新しいね」

踏み荒らすと猟犬が臭いをとりにくくなる。痕跡を見つけたら現場はできるだけそのまま確保したほうがいい。新しいハミを見た瀧嶋さんは、すでにイノシシがどこで寝ているか、予想をはじめているようだ。

すぐにでも撃ち手を配置し、犬を放すのかと思った。だが、瀧嶋さんは軽トラに乗り、山の反対側に向かった。そこに新しいアシが付いていなければ、タケノコを食べたイノシシが、アシのあった竹林周辺にいる確率が高くなる。

「見切りが丁寧ですね」と聞いた。

「そうかい？　青梅は雪が少ないからかな」

雪があればケモノのアシは見やすく、なければわかりにくい。それゆえ雪が少ない地域の猟師は必然的に見切りが上手になる。

鉄砲猟では、猟師が山を大きく囲んだほうが獲物が包囲網の中に入る確率は高い。だが青梅は猟場となる山と住宅地が近いので、ケモノがいる場所を見極め、小さく包囲しなくてはならない。瀧嶋さんの見切り能力はそんな環境で磨かれた。

「今はタケノコの季節だから、わかりやすいけどな」

撃ち手は寝屋を囲むようにケモノ道とニンゲン道（林道や杣道《そまみち》）との交点に配置する。

「交点」といっても厳密には点ではなく、ひとりの撃ち手の待ち伏せ地（タツマ）は半径五十メートルほどを見通せるエリアだ。確実に仕留めるためには枝分かれするケモノ道も塞ぎたいが、人数に限りがあるので有力地を優先して配置する。

かつては山をよく知る地元狩猟者でグループを作っていたが、今はそれもままならない。

青梅でも地元の人々だけでは人数が足りず、東京中から狩猟者が猟友会に参加している。まだ山を把握しきれてない狩猟者も多く、ベテランがタツマを指示しなくてはならない。尾根を挟むようにタツマを配置することになり、地形を把握するベテランが新人を連れて出ていった。

皆が配置につくのを待ちながら、瀧嶋さんはゆっくり犬の用意をした。放す犬は一匹。子犬の頃から訓練している大型のプロットハウンドだ。青梅は猟犬で有名な土地だ。全国で名が知れる津島系プロットは、戦後、青梅の津島修さんらが、近くの横田基地に配属された米軍軍人から譲り受けた犬が元になっている。いま出猟を待って興奮する「クマ」号も津島系プロットハウンドだ。

犬の首にGPS付の無線を付ける。GPSと無線を駆使することで、獲物を追う犬の位置が昔より飛躍的にわかりやすくなった。タツマの猟師もGPSを手に犬の動きを画面で見ることができる。

「犬の先、四百メートルにケモノがいる感じだ」と瀧嶋さん。

見えない鹿を「見る」

イノシシのハミがあった竹林に犬を放し、小尾根を登った。アシに犬を乗せる。犬は臭いを探しながら斜面を行ったり来たりしている。瀧嶋さんはずんずん登っていく。一旦尾根まで登り、犬の動きを見てまた下がる。ついていくだけで大変だ。六十七歳とは思えない健脚である。

「鳴かないな」

瀧嶋さんがつぶやいた。GPSを見て、犬の動きを確認、斜面を横切って向こうの尾根へ。

犬が鳴き出した。だが、瀧嶋さんの表情は冴えない。

「鳴きがつづかない」

どうやらイノシシではないようだ。「出るなら、古屋さんか、高山さんのところだぞ」と無線で念を押す。もし首尾よくイノシシを追っていたとしたら、どう動いているかの予想はできている。

「狸ならいいが、猫だと面倒だな」

最近、別のチームの猟犬が、飼い猫をかみ殺してしまうという事件があった。東京の里山で狩猟をする難しさのひとつである。

猟犬のクマだけが尾根向こうのタツマに出た。犬を回収したという無線が入り、このエリアの巻き狩りは終了となった。普段私が猟をする山梨に比べ、一回の猟が短くスピーディだ。竹林でタケノコを食べていたイノシシは遠くの寝屋まで移動していたのだろう。有害獣駆除が盛んな奥多摩周辺は獲物も賢いようだ。

一旦猟師小屋に集合し、第二候補地である大多摩霊園の裏に移動した。ここは埼玉県飯能市との境だ。青梅の有害獣駆除は五十年以上前から行われているが、通年で駆除をするようになったのは三十年ほど前から。さらに近年は被害が大きいため、青梅と飯能は提携をしており、一部の狩猟者は飯能側に入って駆除ができる。

ここも点在する竹林のハミを狙って犬をかけた。良さそうな鳴きが入ったが、イノシシは出なかった。実際にイノシシがいたのか、別の小動物や鹿に猟犬が反応してしまったのかはよくわからない。獲物相手の猟では途中経過は予想でしかない。

「取材に来てくれてんのに獲れなくちゃ格好がつかないな」

瀧嶋さんは苦笑いし、回収のために犬を呼ぶ。「クマ、クマ」と名前を呼んでいたら、霊園に墓参りに来ていた人が「熊が出たの？」とざわついていた。笑ってもいられない。

青梅は最近市街地に熊が出て、瀧嶋さんたちがワナで捕獲した。熊は奥多摩に昔から生息するが、青梅市街に出てきた記憶は瀧嶋さんにもないという。ただ、それで自然に変化が起きていると早急に決めつけることもない。そもそも自然とは人間の予想や都合を超えているからだ。

昼前、瀧嶋さんたちは鹿に狙いを変えるという。取材に気を遣っているようだが、その気になれば鹿はいつでも獲れるという自信の裏返しでもあるだろう。

畑の被害はイノシシのほうが大きいが、鹿も頭数が多いため、植生や農業林業の被害は甚大である。ただその鹿を増やした最大の原因が温暖化による寡雪であるなら、直接的にも間接的にも、生態系にもっとも影響を与えているのは人間とその文明だ。有害獣駆除とは文明の負の部分の尻拭いという側面もある。

別の犬を連れてきて、車を連ねて少し山奥へ向かった。しばらくすると犬に追われた鹿が谷の斜面を駆け下りていった。まっすぐタツマに向かったので銃声を待ったが、鉄砲は鳴らなかった。

「おかしいなあ」と瀧嶋さんがボヤくと、犬の声が大きくなり、谷下の沢を鹿が駆けていくのが見えた。鹿はタツマを気取って反転したのだ。

無線から別の場所で鹿をひとつ仕留めたと連絡が来た。さらに峠の上でも、見えた鹿を撃ったが、犬の声が一ヶ所から動かず、どうなったのかわからないという。

「仕留めたか、鹿が急斜面にすくんでいるかだな」

場所と方向を聞いただけで、離れた見えないところで何が起こっているのか、瀧嶋さんには手に取るようにわかるようだ。

「犬の声のほうに下りれない?」と無線で尋ねる。峠のタツマの担当者はあまり山に慣れていないらしい。軽トラで林道を上がり、峠への道を足早に登っていく。

「大変ですね」

「こんなものさ」

タツマで担当の狩猟者に状況を聞くと、瀧嶋さんが「あそこにいるなあ」と斜面の下を覗き込み、ずんずん下りていった。

瀧嶋さんが言った通りのところに鹿が倒れていた。弾は内臓を貫き、すでに犬がかなりの部分を食べてしまっていた。有害獣の駆除にはなったが、もはや食肉としては厳しい状況だった。

「アシの見方、山の相は場数を踏まないと覚えられない。今年はまだイノシシは少ない。

去年はイノシシだけで、猟期も入れて百三十は獲ったぞ。三十年前に比べれば、東京の山には鹿もイノシシも多いけどな」

勤め人の週末ハンターたちが、イノシシや鹿などの大物猟に集まるのには理由がある。ひとつは有害獣駆除という必要性があるため、もうひとつは瀧嶋さんのような優秀な親方が統率すれば、週末ハンターでも成果が上げられるから。青梅猟友会だけでも、毎週末二頭の割合でイノシシを獲っているのだから驚かされる。

獲物師の自然観

瀧嶋さんは、何を求めて五十年も猟を続けているのだろう。

「うん？　面白いからじゃねえのか」

獲物を巡る東京の変遷を知りたくて、私は青梅と八丈島で、二人の「獲物師」に時間軸を意識させるような質問を繰り返してきた。

ところが瀧嶋さんや赤間さんの口から出てくるのは、ぶつ切りのエピソードばかりだった。単に「いつのことか」を忘れているのかもしれないとも考えた。だがそれは違うだろう。漁も猟も成功体験と失敗体験を客観的に分析して、積み重ねることで技量を高めていくものだ。実際、実体験に精密な分析を加えたキレのある二人の逸話を聞いていると、過去を忘却したとは思えなかった。

大きな獲物を獲るには強い肉体と意志が必要になる。同時に環境に柔軟に対応する器量も求められる。肉体と判断、そこに獲物という「相手」が加わる。明確な意志を持ちながら、自然の一部となって大きな流れに乗るように、その意志を消す。それは繰り返される刹那であり、計算をしないという計算だ。

二人の獲物師が自分の猟（漁）歴を系統立てて説明することをどこかで拒むように映るのは、明日の獲物のために、今日の自分を固定しないという、狩猟民族のような自然観のためなのかもしれない。時間という人間の物差しに、価値を認めていないのかもしれない。野生の生き物と同じように……。そういう人間が東京にいることが私は嬉しかった。

羽田から飛行機で五十分。新宿から中央線青梅特快で五十九分。アスファルトとコンクリートに囲まれた都心から、時間にすればわずかに離れただけの「東京」。そこでは今日もまた、誰かが獲物を追う。命と命が遭遇する。そして、ひとつの命がやりとりされる瞬間には、過去も未来も消え去っていく。

それは原始のままにぶつ切りな野性の時間。東京の片隅にもまだ、そんな時空間が確かに存在している。

服部文祥（はっとり　ぶんしょう）登山家・作家。一九六九年神奈川県生まれ。「サバイバル登山」と名付けた登山を実践。著書に『サバイバル登山家』、『狩猟サバイバル』、『百年前の山を旅する』、『獲物山　服部文祥のサバイバルガイド』、『息子と狩猟に』など。

いまどき女子は神社を目指す

なぜ「目に見えないもの」にすがるのか

野村進

東京大神宮は平日でも行列ができる

改札を出る前から、不思議な「流れ」のようなものを感じていた。

JR飯田橋駅の西口に出ると、その流れはもうはっきりと目に見えるものに変わった。相当な数の女性たちが、同じ南東の方角を目指して歩いていく。彼女らがつくる流れは、やがてビルの谷間の一角に吸い込まれていった。

初めて「東京大神宮」を目の当たりにしたときには、いささか拍子抜けしたものだ。もっと広大な敷地の、もっと威容をほこる神社を想像していたのである。それとは対照的な「こぢんまり」「こざっぱり」「こぎれい」といった形容が似合うところとは思ってもみなかった。

日曜日のまだ朝十時過ぎなのに、参道には早くも行列ができている。その数、二十名あまり。全員が女性、それも一見したところ二十代から三十代前半にかけての女性たちである。

土日や休日には、なんと二、三千人もの人たちが、都心の裏通りにある、このさほど目立たない神社を訪れる。

「何かをきっかけに一気に増えたわけではなくて、少しずつゆっくりという感じなんですよ」

権宮司《ごんぐうじ》の松山幾一《きいち》さんは振り返る。

「私が子どもだった三十年ぐらい前は、お正月でもあまり人がいない神社だったんです。境内でたこあげができたくらいですから。ところが、いまはお正月には（参拝までに）二時間待ち、ときにはそれ以上になることもありますから。とくに女性が増えたのは、ここ二十年ぐらいでしょうかねぇ。それが年々増加傾向にあります。北海道や沖縄、最近では台湾や中国からもみえますよ」

急増する御朱印ガール

私が神社につどう若い女性たちに初めて目を引かれたのは、実のところ東京での話ではない。

二〇一三年（平成二十五年）、いよいよ六十年に一度の〝大遷宮〟をむかえようとする出雲大社の取材をしていたおり、島根県出雲地方のほかの神社も見たくなって、かなり山奥にまで足をのばしたときのことだ。

出雲大社の北東、日本海寄りの山中に「韓竈《からかま》神社」という、いかにも渡来系らしい名を冠した社《やしろ》がある。出雲大社前駅から、電車と、一日に三本しか接続しないバス便を乗り継いで、最寄りのバス停に着くまで、どんなに速くても二時間近くはかかる。

そのバス停から山道を三十五分ほど歩き、さらに脇道にそれて、山肌に石器の破片か何かを埋め込んだかのような急峻な石段を十分ほど（一般の女性ならおそらく十五分以上）息を切らせて登りきったところに、その神社はある。もっとも、そこに建てられているのは小さな祠《ほこら》だけで、宮司も誰もいない。こんな場所にまで若い女性が連れ立って来ている現実に、私は心底驚いてしまったのだ。

出雲大社に関する資料を集めているとき、「神社ガール」と呼ばれる若い女性たちが出雲の各神社に増えているとの情報は得ていたが、まさかこれほどとは思わなかった。

どうやら、神社に若い女性たちが集まる現象は全国規模のもので、東京でも顕著に見られるようなのである。

「御朱印帳」という大判の手帳のような和綴じ本に、神社の印と署名をもらい、その収集を趣味とする「御朱印女子」とか「御朱印ガール」と称される女性も急増している。明治神宮などの大きな神社はもとより、東京大神宮でも、多い日には一日に五百冊もの御朱印帳が次から次へと差し出され、毛筆による筆使いにたけた神官や巫女が手分けして書いているそうだ。

神官同士が集まると、

「もう腱鞘炎になりそうだよ」

といった文字通りの〝うれしい悲鳴〟もあがる。御朱印帳の記帳には「初穂料」の名目で通常三百円が神社側に入るため、積もり積もれば馬鹿にならない金額になるのである。

著名人の御朱印女子も増えている。女優の小沢真珠《まじゅ》さんは、これまでに八十ほどの御朱印を集めた。つまり、全国八十もの神社をめぐり歩いたわけだ。当初は〝パワースポット〟への関心から、神社に惹かれるようになったという。

「御朱印自体、すごく新鮮でしたね。とても丁寧な達筆で、こういうものを神社で書いてくださるんだって。すぐ集めたいなと思いました。御朱印は神社によって全然違うんですよ。達筆もあれば味がある字体もあるから、毎回どんな御朱印がいただけるんだろうと、もう楽しみで楽しみで」

私の疑問は、きわめてシンプルだ。いったいぜんたい神社のどこがよくて、若い女性たちがこんなにおおぜい詰めかけているのか。

ちょうど高度経済成長期の東京で育った私にとって、神社はひとことで言えば「時代遅れの遺物」にすぎなかった。いまふうに「ダサい」と言ったほうが、当時の実感に近いかもしれない。

ところが、わが家の大学二年生の三女に聞いてみると、神社は時代遅れでもダサくもない、「気持ちのいい空気が流れている場所」なのだという。「カッコいい」とさえ表現する友達もいるそうだ。

私は急遽、娘に頼んで、神社好きの友達に〝招集〟をかけてもらった。すると大学二年生が四人集まり、次女とその友人も同行を申し出たので、私もふくめて七人の大所帯で東京の神社を八社も周ることに相成った。

文章上、自分の娘たちだけを呼び捨てにするのも変なので、全員敬称をつけて年齢とともに紹介すると、明日澄《あすみ》さん、咲輝《さき》さん、美歌さん、さなえさんが十九歳、春乃さんが二十六歳、弥生子《やいこ》さんが三十三歳である。行き先は、すべて女性陣に任せた。

彼女らの目に東京の神社はどう映るのだろうか。

芸人が境内でプロレス？

JR御茶ノ水駅から程近い「神田明神」（正式な名称は「神田神社」）では、はなから度肝を抜かれた。

喧嘩でもしているのか。境内のほうから、男たちの吠《ほ》えるような罵声が聞こえてくる。

「びっくりしました。境内でプロレスをしてるなんて……」

明日澄さんだけでなく、女性陣はみな表情を失っている。社務所前の舗装道路の上で、上半身裸のプロレスラーたち四、五人が、本当に取っ組み合いをしている最中なのだった。

よく見たら、押さえ込まれているのは、漫才師の博多大吉ではないか。ちゃんと本物のレフェリーもいて、「ワン・ツー・スリー！」と大声でカウントしている。

早い話が、プロレス・マニアの博多大吉が出演するテレビ番組のロケを、こんなところでやっているのである。ふと気づけば、いつのまにやら人だかりができ、ほぼ全員がスマホで写メを撮っていた。

明日澄さん「神社でプロレスラーが騒いでいるのは異様だし、ちょっと怖いなぁ」

美歌さん「静かに参拝する神社で騒いでいて、かなり不愉快です」

彼女らにはいたって不評だったのだが、神田明神にまつられている神様を知ると、むべなるかなという気もする。大己貴命《おおなむちのみこと》、つまり大国主命《おおくにぬしのみこと》が主祭神なのである。出雲大社の主祭神と同一神で、出雲が日本の相撲発祥の地である故事を思えば、同じく力技をきそうプロレスも許容範囲内といえようか。ともあれ神田明神の感想を女性陣に尋ねてみよう（括弧内は私のコメントである)。
明日澄さん「社殿だけじゃなく、あちこちの建物が鮮やかな朱色に塗られていて、こんなに派手な神社があるのかと思いました。出雲旅行をしたとき好きになった少彦名命《すくなひこなのみこと》もまつられていて、まさかの再会にびっくりしましたね」(少彦名命は大国主命と共に国づくりに励んだとされる神様だが、出雲旅行中に「好きになった」という感覚が私には新鮮に響く)
さなえさん「ふつうの神社の静けさや清らかな空気はないけれど、都会の潑剌としたエネルギーをそのまま取り込んでいる感じがします。神社そのものがエンターテイメントみたい」(「エンターテイメント」とは言い得て妙だ。まさしく江戸歌舞伎のような外連味《けれんみ》にあふれているのである)
弥生子さん「〝こち亀〟とか『ラブライブ!』のイラスト入りの絵馬やお守りが売られていて、土地柄なんでしょうか、秋葉原とアニメを連想しちゃいましたね」(この直感も鋭い。神田明神は秋葉原一帯の氏神様でもあるのだ。彼女の指摘どおり、両津勘吉がでかでかと描かれた絵馬や、〝萌え系〟の絵馬が、抹茶味のソフトクリームと並んで販売されている)
早速だが、彼女らはなぜ、かつての私のように神社を「ダサい」とも「時代遅れ」とも感じないのか。

春乃さん「昔の人がつくって、その土地の人たちが昔からずっと守ってきた建物には、『おごそかなカッコよさ』がありますよ。そこに神聖なもの、魂のようなものが宿っているのは、もっとカッコいい。願いがかなうかかなわないかは別にして、お祈りするだけでも安心感があります」

美歌さん「神社には安心感があるんですよね。ふだんの生活とは違う時間が流れていて、とっても居心地がいい。すがすがしい清浄な場所という感じもあります」

咲輝さん「女性たちは、そこに行ってお参りをすることで、心のどこかに抱えている不安を少しでも解消したいんだと思います。男性よりも女性のほうがそういった悩みを抱え込みやすいんじゃないでしょうか」

三人の意見に共通するキーワードは、どうやら「安心感」のようだ。なにか大きな存在に守られている感覚があるのだろうが、目に見えないものに、どうしてそこまでの信頼感を寄せられるのか。私には、とんと腑に落ちない。

作法も完璧な参拝客たち

冒頭でご紹介した東京大神宮を女性陣と訪ねたのは、平日の朝九時であった。こんな時間帯なのに、若い女性の参拝客は引きも切らない。

彼女らが例外なく、参拝の作法をわきまえていることには、あらためて目をみはらされた。手水舎《ちょうずや》で一礼後、柄杓《ひしゃく》で水をすくって、左手・右手と順に清め、左手に受けた水で口をすすぎ（もちろん水を吐き出す際には口元を隠し）、柄杓を立てるように傾けて把手《とって》に水を流したあと、元の場所におさめて、また一礼する。

拝殿での「二礼二拍手一礼」、つまりおじぎを二回し、かしわ手を二回打ち、もう一度おじぎをして終える所作も、まちがいなくこなす。出雲大社などで気づくのは、むしろ中年以上の日本人のほうが参拝の作法をよくわきまえず、平気で参道のどまんなかを闊歩したりしているありさまだ。

当然のことながら、わが女性陣も作法は完璧である。三々五々参拝したあと、社務所で御朱印帳に御朱印をもらったり、お授け所でお守りやお札をながめたり、おみくじを引いて見せ合ったりしている。

美歌さん「本当に次から次に人がよく来ますねぇ。屋根が伊勢神宮と同じ造りだと思いました」（よく気づいたものだ。「東京のお伊勢さま」が東京大神宮の愛称なのである）

明日澄さん「いつ来ても、明るくてきれいな神社ですよね。縁結びの神様なので、良縁に恵まれますように、住所を部屋番号まできちんと伝えたので、今度こそ大丈夫だと思います（笑）」（ここは本邦初の一般人の神前結婚式がとりおこなわれた神社なのである。また、自宅の住所を番地まで正確に告げないと、願いが神様に届かないという知識も彼女にはあるわけだ）

咲輝さん「おみくじが置いてある場所の前に、休憩所がありますよね。ゆっくりすわれてすごく助かるし、おしゃべりもできるし、あの雰囲気、かなり好きです」（拝殿のわきに屋根つきの休憩所がある。おみくじやお守りなどを購入した参拝客には、お茶や、ときには伊勢の名物「赤福」がふるまわれる）

私も、ある盛夏の昼過ぎに訪れたとき、休憩所に噴霧機からのミストがただよい、風鈴がいくつも涼しげな音《ね》をかなでているのにほっとした覚えがある。境内は、四季おりおりに模様替えしているそうだ。

お守りの種類は五十以上もあり、その中から好みのものを選べる。おみくじなど血液型別や英語版まである。お守りには「ハローキティ」バージョンもあって、なるほど女性たちにウケるはずだ。

境内の植栽は、世界的な賞を受けた庭園デザイナーに依頼したものである。

「やはり僕らの頑張りも必要なんですよね」

松山権宮司は、みずからに言い聞かせるような口調になった。

「こちら側が何もせずにいても、ご参拝の方々が自然に来てくださるかといえば、そうではないと思うんです。境内をきれいにしたり、お守りやおみくじの種類を増やしたりして、参拝してくださった方に喜んでいただく。そうすると、今度は友達を連れてきてくださる。こういうことの繰り返しで、これだけ増えてきたのではないでしょうか」

言われてみて、不明を恥じた。神社の自助努力への視点が、私にはまるでなかったのである。たしかに、参拝客が詰めかける神社はいずこも、こちらには見過ごしがちな細部にいたるまで、集客のための工夫をめぐらせている。行く先々の神社で、私はそれに気づかされた。

浅草の〝婚活神社〟

「今戸《いまど》神社」は、少し不便な場所にある。観光客でごったがえす浅草の仲見世通りから、歩いて優に二十分はかかった。

大鳥居近くの説明書きに、新撰組の沖田総司が病没した場所、とある。この神社はまた

「招き猫」の発祥地でもあるそうで、社殿の中には巨大な招き猫の像がオス・メス二体鎮座し、境内のいたるところに名物・今戸焼の招き猫、猫形の漏斗《じょうご》や鉢植えが飾られている。だが、沖田総司や招き猫よりも、「縁結び神社」としての知名度のほうがはるかに高い。その証拠に、東京大神宮ほどではないにせよ、平日の昼下がりに若い女性の行列ができている。

この神社が二〇〇八年から主催してきた「縁結び会」という名の〝合コン〟には、実に七千人もの男女が登録し、すでに七十組のカップルが結婚にいたったそうだ。それゆえ「婚活神社」の異名もある。

さなえさん「ちょっと変わった神社ですよね。あの大きな招き猫は一種異様な感じがするし、社務所と自宅がくっついていて、アットホームな雰囲気もあるし。あと、今戸神社のテーマソングに合わせてラッキィ池田が踊っているビデオがずっと流れていて、すごく大衆的な感じです」

春乃さん「絵馬はふつう五角形なんだけど、ここは丸いんですよね。そこに招き猫が二匹描かれていて、境内に何本もある大木にたくさん掛けられてるの。全部で何千枚あるのかなぁ。下のほうの絵馬は変色してるんだけど、そのままにしてあるのは、参拝に来た人の願いを大切にしているからかなと思いました」

この神社には「美人姉妹神主」がいるというので、いっときメディアにとりあげられたものだ。その母で、宮司の夫と共に神社をここまで守り立ててきた市野《いちの》恵子さんも、東京大神宮の松山権宮司と似たようなことを言った。

「昔は境内に犬しか歩いていないような神社だったんですよ。境内で野球なんかされちゃったりして。お守りも年にたった二十しか出なくて、幼稚園を経営してた時期もあるんです。神社では食べていけないから」

そこに神主装束の市野智絵《ともえ》さんも、烏帽子《えぼし》を被ったまま加わった。くだんの「美人姉妹神主」の姉のほうである。

「さっきも思わず振り返っちゃうようなことがありまして」

おかしくてたまらないといった様子で、そう切り出す。

「『今年、八百万《やおよろず》行きまくっちゃった』っていう声がしたんですよ。それから『八百万、スゲェ〜』って。顔を見たら、ものすごく濃い付けまつげをしたギャルなんですよ。そんなギャルが『八百万』という言葉を知っていること自体に、もうびっくりしちゃうでしょう？」

私も、ただただ感心するばかりだ。

「やっぱり、昔ならありえないことが起こっているんですよ」

母親の恵子さんが、感に堪えないといった表情で言う。智絵さんが、それを引き取って話を継ぐ。

「神社って『心のお医者さん』だと思うんです。ここに来る人たちの顔を見ると、若い子でもみんな疲れてますよ。心を病んでるような子もけっこういます。ニートとか非正規雇用とか、安いおカネで働かされて、出世も望めないし、スマホとゲームと、あとはたまにユニクロで買い物するぐらいが楽しみで。そういう子たちは、神社に『助けてほしい』って来てるんです。心配事を神様におあずけしたくて、それと私たちみたいな神社の人間から『大丈夫よ』って言われたくて来てるの。そうして少し元気になって帰っていくんです」

智絵さんに、あらためて神社に若い女性が集まる理由を尋ねると、

「飽きてるんだと思うんです」

と即答した。

——飽きてる？

「だって、どこへ行っても同じ風景じゃないですか。ショッピングモールがあって、入ってる店はどこもだいたい同じで、服を買うにしても、ファミレスやファーストフードで食事するにしても、おカネのある大きな企業が提供する商品を楽しむだけじゃないですか」

——たしかに、東京ばかりじゃなくて、日本全国、そうなってますよね。

「そういうのに、若い子たちはもう飽き飽きしてると思うんです。でも、神社めぐりは違います。そこにしかない神社があって、その周りにはそこでしか味わえない商店街の味がある。若い子が買うのは、揚げ饅頭とかお煎餅とかメロンパンとか、安いものばっかりですよ。でもショッピングモールにはない味なんです」

——小さな「反グローバリズム」と言ってもいいかもしれないですね。

「商店街のおじちゃん・おばちゃんと話すのも、すごく楽しい。何かをちょっと教えてもらったり、手のぬくもりに触れたり、それがいまの女の子にはとても新鮮でおもしろいんじゃないかな。神社も商店街も、ずっと前からそこにあるのもいいんだと思う。いきなりそこにつくられたものじゃないですからね」

ちなみに、智絵さんのご主人は大学で日本中世史を教えているのだが、若い女性たちが御朱印帳を手に、各地の神社に押し寄せてブームになっている昨今の現象は、

「日本の歴史になかった出来事」と評しているそうだ。「時代遅れ」どころか、彼女らは来るべき時代の〝波頭〟に立っているのかもしれない。

タコツボ化する女性たち

ここで取材の裏話をひとつだけ披露したい。

実は、思いがけず取材拒否が多かった。それも従来経験してきたような、けんもほろろの拒絶ではなく、やんわりとした、なし崩し的な断りが相次いだのである。

私の友人に、永崎ひまるさんという女性イラストレーターがいる。『ハッピー!! 開運神社めぐり』の著者で、「絵馬師」としても伊勢神宮をはじめとする全国各地の神社から引っ張りだこの存在である。

彼女が奇しくも、東京大神宮で絵馬教室のワークショップを開くことになった。こんな催しにわざわざ参加費を払って来るほどの女性たちなら、神社と自身との関わりについて、借り物ではない言葉で表現できるのではないか。そんな虫のよい期待からワークショップを見学させてもらい、永崎さんがあいだを取りもつ形で女性受講生たちに後日の取材を申し込み、その場で十六人から承諾を得た。

ところが、日をあらためてメールやSNSで打診しても、なしのつぶて。あるいは、インタビューの日時を調整しているうちに、先方から返信が来なくなる。ひどいのになると取材当日のいわゆる〝ドタキャン〟で、その後も音沙汰がない。こんな例が、いずれもひとつやふたつではなかったのである。結局、実際に話が聞けたのは十六人中わずか五人にすぎなかった。

三十五年余りの取材歴でも、このような断られ方が続いたのは初めての経験である。その理由を考えあぐねているうちに、あちこちの神社で参拝に訪れる女性たちをながめていて、ふとひらめいた単語がある。それは「タコツボ」というものだ。

ひとりで来ている女性は、参拝の順番を待っているとき、ほぼ例外なくスマホの画面を見ている。耳にイヤホンをしたままの女性も多い。ようするに、自分をとりまく環境がかなり変わっても、自宅にいるのと同じように、好きな音楽を聴き、興味のあるスマホの画面にふれたり見入ったりしている。

私が以前かなり取材した脳科学の見方からすれば、視覚と聴覚と触覚という人間の知覚の大半を占める脳の領域は、自宅とたいして変わらぬ使われ方をしているのである。これにマスクの着用が加われば、嗅覚まで外界の変化にほぼ左右されないことになる。そのような女性の姿が、まるでタコツボに入ったまま、タコツボごと移動してきているように、私の目には映ったのである。

女性のグループも、タコツボにいる点では似たりよったりだ。ほかの女性やグループとの関わりは、まったくと言ってよいほどない。他者の存在はほとんど目に入らないようで、自分たちだけの世界に没入しているかに見える。

ひょっとすると私は、そのようなタコツボに、無自覚かつ無造作に入ろうとしたのではないか。

こんな推論を永崎さんにぶつけてみると、小さく首肯して、

「そう言われてみると、私は三十代で結婚できたから、こんなことが言えるけれど、もし独身で、野村さんから取材依頼が来たら、やっぱり拒否したと思う」

と意外なことを言った。

「特に縁結びで有名な神社に行くことは、彼女たちにとっては即結婚と結びついてるから、野村さんのインタビューに応えると、結婚できない自分を見つめなきゃいけなくなるわけですよ。そんなことは、とりわけ男の人には話したくないかも。女性たちの〝闇〟はそれ

だけ深いんです」

――闇、ですか？

「三十代、四十代になっても、そばにいてくれる相手が自分にはいないと思うことが、闇を生むんですよ」

――でも結婚して〝闇〟になる場合だって多いでしょう？

「いや、結婚して相手とうまくいかなかったり別れたりするのは、相手がいるだけ、まだ希望があるんです。もしダメになっても一度は結婚できたな、と思えるから。そういう相手もいないというのは絶望だけですから」

――独身を謳歌している女性だっておおぜいいるんじゃないですか？

「大多数は違うと思う。自分たったひとりで、このまま老いて死ぬのか、私の人生それでいいのかって、女性は三十になると考えはじめるんです」

――結婚への意識がそんなに強いとは思えませんが。

「強いんですよ。二十代は努力して自分を磨いていけば、いつかいい人が現れると思える。自分次第で何とかなると、まだ余裕があるんです。でも三十代になると、いくら努力して自分を磨いても、どうにもならないことがだんだんわかってくるんですよ」

――で、合コンに行くわけですか？

「その前に『まず神社』です。実際に人に会いに行くのは、やっぱり気が重いんです。まず神社にお参りして、良縁を祈願するわけです」

見えないものにすがる理由

私は取材開始前、言ってみれば世の流行にただよう泡沫《うたかた》を手のひらにさっとすくいとるようなつもりでいたのだが、それはとんでもない見当違いであったようだ。逆に、流れの表層ではなく、底に沈み込んだ澱《おり》にこそ注目すべきだったのである。

タコツボの奥底にたまった澱に、あるとき無遠慮な男の手が伸びてきた。それに対し、反射的にタコツボのふたを閉めたのが、あのように連続した取材拒否の真意ではなかったか。


宗教学者で上智大学特任教授の鎌田東二氏に、こうした話をすると、

「彼女たちは、神社への参拝と閉じられた関係性がワンセットになっているんですよね。それで外から来るものに対しては、防衛本能が働いてしまうのではないでしょうか」

と分析した。

「ただ、いまの女性たちの行動を私は上っ面の問題だとは思っていません。もっと深い衝動から起きているのだけれど、彼女たちはその一部しか自己認識していないと思う。何らかの喪失体験を通じて、自分自身の生き方をどう定めていくかが問われるわけです。例えば『死』ですよね。親が老いて死んでいく。配偶者や、ことによると自分の子どもが死んでしまう。あるいは自分自身が病気になる。災害に見舞われる。そうしたときに、御朱印集めは必ずしも開運とは結びつかないということに気がつく。でもそれによって、彼女たちの問いかけはより深まっていくと思います」

ただし、仮に三十代以上の女性参拝者に私が指摘したような傾向があるにせよ、十代、二十代の大多数はそれとは違う動機から神社に赴いているはずだ。

彼女らは、いったいどうして神社におわすらしい「目に見えないもの」にこれほどすがれるのか――、と私の問いかけは同じところに舞い戻ってしまう。二十人以上の女性に質問してみたが、今回の神社めぐりに加わった若い女性たちの意見に、すべてが集約されていよう。

さなえさん「東日本大震災と原発事故が、とても大きかったと思うんです。科学が万能じゃないこと、世の中には不合理があふれていることに、みんな気づいた。だから余計に心の持ちようを深く考えないと生きていけないんじゃないでしょうか。そのとき、たとえ目に見えないものでも、心の拠り所となりそうな神社に関心がいくのは、当たり前のような気がします」

明日澄さん「たしかに同世代の人たちは、目に見えないものへの関心が高いですね。逆にそういうのを信じない人を『つまんないやつだなぁ』と私は思ってしまいます。やっぱり目に見えないものを感じるときってあるし、目に見えないものがあることを知ってるから、若い人たちは神社に行くんじゃないかなぁ」

春乃さん「私の場合、小さいころ読んだ絵本やスタジオジブリの影響がわりとあると思います。『となりのトトロ』とか、小さな神社や大木がよく出てくるじゃないですか。目に見えないけれど、何か大きなものが神社や大木には宿ってるという感覚が、自然に身についた気がする。それに、すごく昔からある建物に対して神聖な感覚を持つところが、人間には最初からあるんじゃないでしょうか」

女性だけが感じているもの

これまでに東京大神宮、神田明神、今戸神社の三社をとりあげたが、ほかにも愛宕《あたご》神社、浅草神社、湯島天満宮、大國魂《おおくにたま》神社に私たちは足を運んだ。どこへ行っても、参拝する若い女性たちの姿が目についた。

こうして最後に辿り着いたのは、国立市の「谷保《やぼ》天満宮」である。ここは「日本一かわいい御朱印帳」の神社としてテレビのワイドショーで喧伝され、都心からかなり離れた郊外にあるのに、一日に七十五冊もの御朱印帳が出るくらい、若い女性の支持を集めているところなのである。

母校の高校が程近い私にとっては、実に四十三年ぶりの再訪である。しかし、大木が鬱蒼と生い茂る境内も、隣接する素朴な梅園も、昔とちっとも変わらない。この「変わらなさ」こそが神社のよさなのだとありふれた感慨を抱くのだが、女性陣の話をここまで聞いた限りでは、案外正鵠を射ているのかもしれなかった。

ひとつだけ違っているのは、人工の見事な滝が落ちて小川に流れ込むあたりの木々に、尾がとびぬけて長い「金鳥蚊取線香」の商標のようなニワトリが、こちらの木には十羽、となりの木には十二羽といった具合にとまっていることだ。権禰宜《ごんねぎ》の菊地茂さんの話では、二、三十年前に祭りの獅子舞を飾る尾羽を目当てに持ち込まれたものの、それにはしっくりとこず、〝無罪放免〟となって放し飼いにされているうちに繁殖して、こんなに増えたのだという。

「質問で一番多いのは『ニワトリ、逃げないんですか』というものなんですよ（笑）。だって、逃げる必要ないですよ。外に出ていったほうが、ずっと危険なんだから。それで、私はこう答えるんです、『こんないい場所、ほかにはないから逃げないの。ここは〝楽園〟なんだから』って」

一方のわが女性陣は、菊地さんから別の話を聞き出していた。それによると、ここのニワトリは野放図に繁殖してきたわけではないそうだ。境内に棲みついたアオダイショウに卵を食われてしまうためで、神社の中でも自然淘汰が行われているのである。

「それは言ってみれば〝自然の理《ことわり》〟で、神社という聖域の中で起きたとしても当然のことじゃないかな」

菊地さんの説明に、女性陣はみな頷いていたという。ここでも彼女らは、私などよりもはるかに深く〝神社の世界〟に入り込んでいたのである。

野村進（のむら　すすむ）ノンフィクションライター。一九五六年東京都生まれ。『コリアン世界の旅』で大宅壮一ノンフィクション賞と講談社ノンフィクション賞を受賞。『ア

ジア　新しい物語』でアジア・太平洋賞を受賞。他の著書に『千年、働いてきました　老舗企業大国ニッポン』、『千年企業の大逆転』、『解放老人　認知症の豊かな体験世界』、『どこにでも神様　知られざる出雲世界をあるく』などがある。

新３Ｋ職場を支えるフィリピン人

家事・看護・介護。高齢化社会の新たな労働力

西所正道

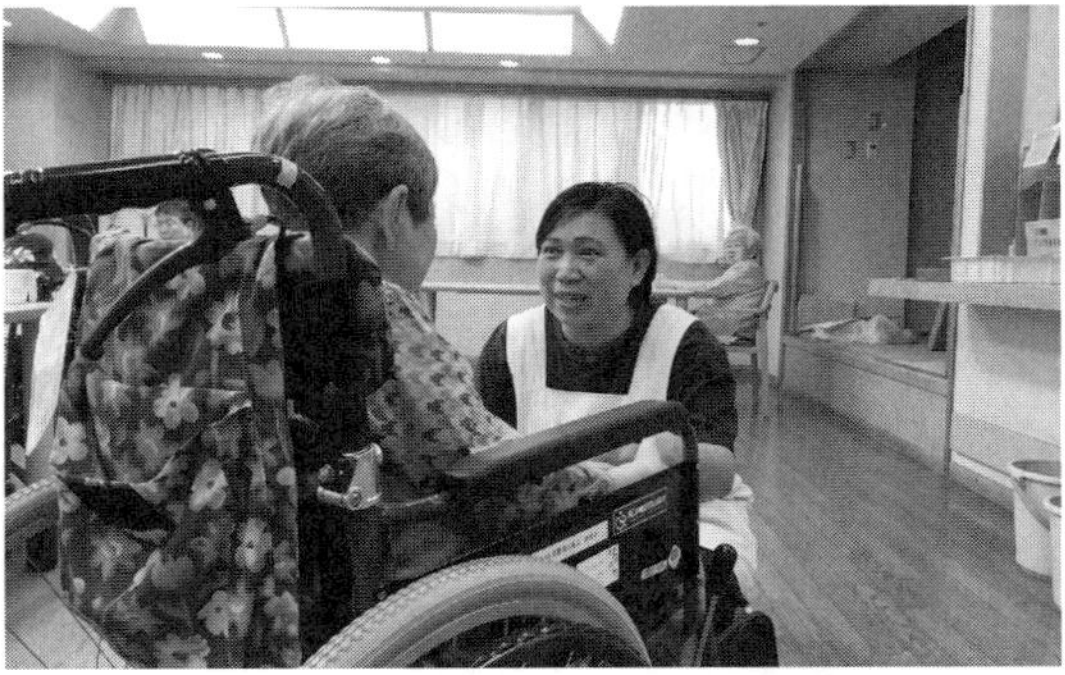

介護福祉士のジュリアンさん

東京オリンピックが開催された一九六四年に大ヒットした井沢八郎の『あゝ上野駅』。この曲の歌詞に、「国なまり」という言葉が出てくる。

集団就職で上京した〝俺《おい》ら〟が、上野駅に降り立つ群衆の中に、懐かしい方言を聞く。

♪配達帰りの自転車をとめて聞いてる国なまり

当時、「国なまり」といえば、方言だった。しかし、あれから五十年以上が経ち、現代の私たちが耳にする〝国なまり〟といえば、コンビニ、居酒屋などで耳にする、「イラッシャイマセ」かもしれない。外国人たちが喋る出身国独特のナマリである。

日本に住む外国人は、増加の一途を辿っている。東京オリンピックの年には六十万人程度だった在留外国人の数は、二〇一五年には、二百二十三万人と四倍近くになっている。国籍・地域別にみると、中国（約六十七万人）、韓国・朝鮮（約四十九万人）、フィリピン（約二十三万人）がトップ3である。在留外国人数が一番多い自治体はやはり東京だ。全体の約二一％を占めている。

年々増加し続ける外国人数とは裏腹に、日本は少子高齢化の波に晒されている。若い労働力を外国人に頼らざるを得ない状況は日本最大の都市・東京でも確実に進行している。そんな中、労働力としてのフィリピン人に注目が集まっている。彼らは、少子高齢化社会の〝弱点〟を支える仕事に適性があるからだ。その代表格が「家事サポート」「看護」「介護」。奇しくも三職種とも頭文字が「K」だが、いずれも巷では3K（きつい、汚い、給料が安い）などと敬遠されることが多い。しかし母国を離れ、東京という大都会でこれらの仕事に打ち込むフィリピン人たちは少なくない。これらの職業は接客業とは異なり、時にプライバシーに入り込み、スキンシップを伴う。

彼らは何を想い、働いているのだろう。それぞれの現場を歩いた。

業務中に地震が起きた

フィリピンはこれまで、国策として国民という労働力を海外に輸出してきた。人口の一割に相当する約一千万人が海外で働くが、これが貴重な外貨獲得要員となっている。

海外で新規に雇用されたフィリピン人の職種（船員を除く）に関するデータ（二〇一五年、フィリピン海外雇用庁）を見ると、一位は「家政婦（メイド）」である。総数（五十一万人）

の約四割を占める。

〇四年から定住フィリピン人を活用している家事代行事業を営む株式会社シェヴ（本社・東京都渋谷区）の柳基善《ユウキソン》代表によれば、

「メイドはフィリピンという世界の共通認識がある。英語が堪能でハウスキーピングが上手だからです」

だが、日本の場合、現在家政婦として働くことができるのは、大使館員から直接雇用される場合か日本人の配偶者がいる場合などが大半だ。

シェヴには約二百人のスタッフがおり、うち百人が外国人で、九割以上がフィリピン人である。

その一人、スーザン・イザキさん（60）は開放的な印象の女性だ。一九八七年に来日し、日本料理の板前を生業とする日本人男性と結婚した。

二人の子育てが一段落したあと、リサイクルショップで勤務したり、東京ディズニーリゾートのホテルでベッドメイクなどをしていた。シェヴの求人を知ったのは、二〇〇七年、英字新聞の広告だった。

「大学では栄養学を勉強していたから、料理は好きなの。私、ほら、太っているでしょ。

知識はあっても自分のダイエットはできないのね、ハハハ。それと私、子ども大好き。学生時代、近所の貧しい子どもをシャンプーしてあげていたの」

フィリピン人はおおらかな国民性とされる。悪くいえば時間にルーズな面があり、そこが日本人の国民性と大きく違うところだ。そこでシェヴでは、時間厳守が徹底される。スーザンさんは現場に一時間前に到着するよう心がけているという。

彼女が任される仕事は、掃除、炊事、洗濯、買い物代行、ベビーシッティングなど多岐にわたる。

思い出深い出来事がある。

一一年三月十一日。スーザンさんは、六本木の高級マンションの三十階にある家庭で、家事サポートの業務中だった。その時、家にいたのは、六歳から九歳の子ども三人。午後二時四十六分、強い揺れに襲われた。東日本大震災だった。両親はもちろん仕事で外出していた。

「そういうときパニックにならないの、私。責任があるから。すぐにマンションの下に降りて、コンビニで晩ご飯を買って、子どもたちに食べさせて、両親の帰りをロビーで待っていました。子どもたちには〝大丈夫だよ〟と声をかけながらね。でも両親はなかなか帰ってこなかった。一度部屋に戻って、強い余震などがあるといけないから着替えはさせずに子どもたちを寝かしつけたの」

スーザンさんが仕事でいちばん大事にしているのは何なのか。

「〝愛〟じゃないかな。愛がないと仕事はうまくいかない。そう、〝LOVE FOR IT〟」

そう言った直後、唐突に、スーザンさんの目に涙がにじんだ。

「アレ、私、なんで泣いている……？ でも、この仕事についてよかった。充実した気持ちになれるから。私は自分の幸せだけでなく、相手の幸せも考えて仕事してきた。だから転勤で海外に行ったお客さまとも心はつながっている。フェイスブックで連絡したり、仕事で日本に来たときには会ったりするから」

突然の涙は、質問されて口にした「愛」に反応したせいかもしれない。

シェヴの場合、三時間九千円が基本料金。週四回利用する人が多いという。決して安くはない。利用者は当然、世帯年収一千万円以上の富裕層ばかりだ。港区、渋谷区、千代田区在住者が大半を占めるという。

都心の富裕層の要求は高い

実は、家事掃除支援の需要は、増加傾向にある。野村総合研究所の調査結果によると、一一年の市場規模は八百五十億円だったが、将来は約五千億円規模に成長するという。

そんな予測も念頭にあるのだろう。政府は地域を限定して規制を緩和する「国家戦略特区」の目玉政策として一七年から外国人家事労働者の受け入れを始めた。東京、神奈川、大阪が特区に指定され、フィリピン人が家政婦として働けることになった。

特区で家事代行サービスを行う企業として認可されたのは六社である。パソナ、ダスキン、ベアーズなどだ。都内で保育施設などを運営するポピンズもその一社。中村紀子代表は、この事業に乗り出した理由を、創業以来続けてきた「働く女性の支援」になるからだと説明する。

「育児支援、介護支援をやってきた弊社が参入できていなかったのが家事支援でした。総務省社会生活基本調査のデータでは、男性の一日の家事・育児時間は四十六分。それに対し女性は五時間。疲弊した妻は正社員では無理、パートでというケースが多くなる。この状況を何とかしたかった。そこで、フィリピン人の力を借りればいいと考えたのです」

一七年の春、ポピンズには五人のフィリピン人が入社した。フィリピン・ルソン島出身のルディ・マングバトさん（39）はその一人だ。

ルディさんはフィリピンの大学を卒業後、地元で日用品を売るお店を六年ほど経営していたが、結婚、離婚を経て、香港に移住。中国人宅に住み込みながら、家政婦として働いていた。ルディさんには国許に残してきた十二歳の娘がいる。娘のために、「もっと教育費用が必要だ」という危機感を抱いていた。

そんなとき、フィリピンで偶然見たテレビで、日本の「戦略特区」を知る。政府広告のキャッチフレーズに、ルディさんの心は惹かれた。

〈日本女性の利益になる上に、フィリピン女性の利益にもなる〉

すぐ応募したルディさんは見事合格。四人の同僚とともに来日した。しかし現場には行かず、研修ばかりの日々を送る。入社したポピンズの要求するレベルが高かったからだ。

「〝ホテルオークラ〟クラスのベッドメイク。大使公邸からオーダーが入るサービス」

中村代表は五人にこの基準を求めた。研修を受ける中で、ルディさんは日本人の〝細かさ〟に驚かされることが多かった。

「掃除のチェックがすごく細かかったのです。拭き掃除をするときには、いつも〝角〟をきれいにするように言われました。それとお辞儀です。部屋に入るときに、前で手を重ねて四十五度腰を曲げて挨拶します。日本のホテルの挨拶の仕方ということですが、最初はびっくりしました。フィリピンではほとんど頭を下げることはありませんから」

初めて現場に出たのは来日二カ月後。ポピンズでは、日本人スタッフにフォローしてもらえるから安心だ。たくさん研修も受けたし、大丈夫だろう。そう思って臨んだが、想定していない注意を受けた。

人形の向きが違う。浴室のシャンプー、コンディショナーの順序が違う。都心の富裕層の要求水準は高いのだ。人形の向きを元通りに再現しようにも、プライバシーがあるので、スマホで写真を撮って記録することもできない。頭に刻み込むしかなかった。

「叱られると、落ち込みます」

というルディさんだが、一方では評価もされていて、利用者からは「人柄があたたかい」「もっと利用時間を増やしたい」などポジティブな反応が多いという。

ただ、「特区」の枠組には問題がある。まず、教育と人件費のコストがかかりすぎるのだ。同社では語学や研修などに必要な初期費用は一人当たり百万円。さらに、サービスの最低提供時間は三時間なので一日に最大二軒回るので精一杯だ。報酬も出来高制でなく給与制なので、会社に負担がかかる仕組みなのだ。

さらに大きな問題は、「特区」で来日した外国人は、三年で必ず帰国しなければならないという規則があること。厳しい研修を受け、日本語力やレベルの高いサービスの技術を身につけたのに帰されるのはあまりに理不尽だ。ルディさんも言う。

「もちろん三年を過ぎても残りたいです。給料もいいし、自分のスキルをもっとアップさせたいですし」

看護師は〝ブランド品〟

メイドに次ぐフィリピンのお家芸は、意外にも「看護師」だという。

移民研究が専門の千葉大学・小川玲子准教授は、「フィリピン人看護師は〝国際ブランド品〟のように、欧米、カナダ、オーストラリアなどで活躍しているんです」と説明する。

「フィリピンはアメリカの統治時代に、英語で看護教育が行われてきた歴史があって、最先端の看護教育を受けているという強いプライドを持っているんですよ」

東京西部最大の町・八王子市。ここに外国人看護師を積極的に受け入れる病院がある。設立五十年以上の歴史を持つ永生《えいせい》病院だ。〇八年、日本政府が国家間の人・モノ・金・情報の動きを活発化させるEPA（経済連携協定）の一環として外国人看護師〝候補者〟の受け入れを始めると、同病院でもすぐに受け入れを開始した。〇八年にはインドネシアから、〇九年にはフィリピンから、一四年にはベトナムから続々と来日した。

前述した「特区」の枠組みで来日した外国人家事労働者は何があっても三年で帰国しなければならないが、EPAは事情が異なる。国家試験にさえ合格すれば、日本で働き続けることができる。不合格ならば帰国。実力がすべてを左右するのだ。

現在、永生病院に在籍する外国人看護師はインドネシア人二人、フィリピン人四人（いずれも候補者を含む）、ベトナム人二人である。その一人が、日本の看護師資格を持つボルボン・エクセルシス・ジョンさん（33）。通称「エクセル」。上背があって、爽やかな印象の男性だ。

エクセルさんの故郷はミンダナオ島西部、パガディアン市。両親は地元の病院に勤務しており、父親は事務員、母親は看護師である。親の背中を見て、自然と看護師になった。地元の病院で三年間、救急外来や一般病棟などを担当したあと、イギリスで看護師として働こうと思ったが、フィリピン政府から「空きがない」と言われた。そのとき日本とフィリピンのEPAのことを知った。

だが日本には行きたくなかった。父親から、第二次世界大戦の時に日本兵が恐ろしいことをしたと聞かされていたし、ヤクザが登場する日本映画もフィリピンで有名だった。「だから怖い国だなって。それに言葉が通じない。でも叔父が日本で看護師が足りないのなら行きなさいと言うので決心しました」

〇九年に来日。とても驚いた。

「みんな優しいし、笑顔も素敵だし礼儀正しい。来て良かったです」

エクセルさんは一カ月の日本語研修を経た後に、永生病院に来た。しかし任される仕事は、おむつ交換や洗い物、ゴミの整理などケアスタッフとしての仕事ばかり。まだ〝候補者〟だからだ。正式に看護師として働くには日本語で、日本の国家試験を突破しなければならなかった。

「母国では看護師をしていましたから、最初はこういう仕事ばかりやらされてショックでした。でもやっているうちに、患者さんに喜ばれるし楽しくなってきました」

国家試験突破に向けて猛勉強が始まった。午前の仕事が終わると、午後の三時間は国家試験対策の講習。試験直前は仕事は免除され、終日勉強だ。講師役はおもに永生病院で働く看護師たち。病院が一丸となってエクセルさんたちを応援した。

患者さんにも励まされた。忘れられない男性患者がいる。五十代の元警察官。体はがんに冒され闘病中だった。同僚の中には怖いと言う人もいたが、エクセルさんは、仕事が終わってから男性と会話することを楽しみにしていた。

叱られたと愚痴れば、「気にするな」と諭された。日本人特有のモノの考え方も教えてもらった。

一度目の国家試験では不合格。二度目の国家試験でもまた落ちた。絶対に合格できるという確信があっただけに、眠れないほど落ち込んだ。そんなとき男性はこう言った。

「できますよ。がんばって。三回目があるんだから、できるよ」

そしてエクセルさんは一二年三月、ついに三度目の国家試験で合格。すぐさま男性に報告に行った。

「おめでとう。よかった、よかった。エクセルはできる男だからな」

自分の息子のことのように喜んでくれた。しかし七カ月後、男性は静かに息を引き取った。「年上の友だちのように慕った人でした」。そう話すエクセルさんの目は潤んでいた。

晴れて看護師として病棟に配属されたエクセルさん。点滴や採血といった技術的なことは問題なくこなせた。しかし大きな壁があった。言葉の壁である。「あなたではわからないから」。そうはっきり言う患者もいた。同僚の足を引っ張っているのでは、と不安に思うこともあった。

日本語に悩んだエクセルさんは、カナダの病院で働こうと決意したことがある。渡航に必要なお金を送るために銀行に行ったところ、行員に何のための送金かを確認された。

「言葉の壁があり、周りに迷惑をかけています。言葉の壁がないところに行きたいと思って」

送金目的だけ言えばいいのに、心が弱っていたからか、初対面の若い女性行員に悩みを打ち明けてしまった。するとこう言われた。

「日本はイヤですか？　日本人はあなたを悪く思っていないはずですよ。他の国に行ってしまったら、今の患者さんは寂しがります。迷惑をかけているなんてことはないです」

固くなった心が柔らかくなっていくのがわかった。行員の温かさに助けられた思いがした。いま振り返ってみても、日本に残る道を選んだ判断は間違っていなかったと思う。

エクセルさんは昨年、フィリピン人女性と結婚して八王子で暮らしている。幸せいっぱいのはずだが、悩みがある。妻の仕事が見つからないのだ。妻は日本語ができないことに加え、配偶者は「特定活動」という在留資格に該当するため、働けても週に二十八時間以内だ。

実は、看護師資格をもっているにもかかわらず、配偶者の仕事が見つからないという理由で帰国してしまうケースは珍しくない。永生病院ではそれを回避するため、外国人看護師の配偶者には病棟のシーツ交換や清掃などの業務をしてもらっているという。同病院で外国人看護師の受け入れの陣頭指揮を執ってきた、宮澤美代子相談役はこう嘆息する。

「試験に合格するまで一人につき、年間三百万円近くの給与を含め、年間約四百万円を投資しています。なのに、配偶者の問題で帰国されてはそれが無駄になってしまう。政府には配偶者の日本語研修や就職問題に関する対策を考えて欲しいですね」

実際、帰国する人は後を絶たない。一六年度までに来日したフィリピン人看護師〝候補者〟四百七十二人のうち合格者は百二人で、合格率は約二二％だ。そのうち現在も日本で働いている人の数は八十一人。合格者の二十一人が日本を離れている（国際厚生事業団のデータに基づく）。理由は親の介護や結婚などさまざまだが、前述したような配偶者の問題を理由にするケースがある。

だが、それ以上に悲惨なのは、来日した候補者のうち七八％は国家試験に合格さえできず、強制的に帰国させられていることだ。

日本の看護師不足は深刻である。そんな状況の中で、国際ブランド力のあるフィリピン人看護師が、日本の窮状を救いたいと来日してくれることは、大きな希望である。しかし、日本の国家試験を通過できないがためにその人材を逃している。

前出の小川准教授は、フィリピン大使館職員が口にしていた言葉が印象に残っているという。

「日本でこれだけの経験があるEPA候補者を帰してしまうのはもったいない。(活用方法を考えなければ)他国に取られちゃいますよ」

欠かせない戦力

看護師以上に人手が足りないと言われているのが介護職である。団塊の世代が一気に後期高齢者入りをする二〇二五年に介護職が百万人不足するという推計もある。

メイドと看護師をお家芸とするフィリピン人だが、実は今、介護現場でも大きな戦力となりつつある。

JR亀戸駅から錦糸町駅にかけたエリアを取り囲む江東区・墨田区には在日フィリピン人が数多く暮らしている。繁華街にはフィリピン料理店やフィリピンパブが軒を連ねる。

亀戸駅から東武亀戸線で二駅目、東あずま駅で降りて歩くこと三分。特別養護老人ホーム「たちばなホーム」の建物が見えてきた。

ここの利用者は約六十人。うち約九割が認知症を患っている。中に入ると、勤務している職員の名前が記されたホワイトボードがどのフロアにもあった。いずれのホワイトボードにもカタカナの名前が見える。ここでは、四十人のスタッフのうち七人がフィリピン人なのだという。

たちばなホームでフィリピン人が働くようになったのは〇五年。「こんな状況になるなんて想像できなかった」（羽生隆司施設長）というほど、フィリピン人たちは欠かせない戦力となっている。

一七年九月のある日。施設では、勤続七年目を迎える大石テレサさん（47）が働いていた。

「調子はドウデスカ?」

大石さんはある利用者の女性の手を取って笑顔で話しかける。女性は「ありがとう」と言いながらテレサさんの手をぽんぽんと叩いている。

九四年に来日したテレサさんは、当初、在日本某国大使館のメイドとして働いていた。その後偶然乗ったタクシーの日本人運転手と意気投合し、結婚。一人娘も授かった。結婚後は、江東区森下の印刷会社、都営新宿線住吉駅近くのどら焼き店など様々な職を転々としていた。

墨田区に引っ越してきた一〇年頃。偶然たちばなホームのスタッフ募集の広告を目にする。介護は未経験だから不安だったが、応募すると採用された。テレサさんは言う。

「この仕事をしていると心が安定します。なぜかなぁ。私と入居者さんは家族みたいな関係なんですよ。娘が小学生の頃、ここによく連れて来ていた。利用者さんたちにカルタや羽子板遊びをしてもらっていたの。

私の両親はもう亡くなってしまった。私は日本にいたから、両親の介護ができなくて。だから利用者さんを両親みたいに思えるのかな」

三年前、夫に先立たれた。利用者が「家族」のように接してくれるこの施設では寂しさも少しは紛れる。

タガログ語で「助けあう」

それにしても、テレサさんは未経験者なのに、なぜ介護の仕事を覚えられたのだろうか。日本人スタッフの辛抱強い指導に加えて、彼女が強調したのが、この一言であった。

「在日フィリピン人の先輩が、タガログ語で教えてくれるので、わかりやすかったから」

実は、〝タガログ語伝承〟の礎を築いたキーパーソンがいる。

疋島ヘルミニアさん（51）。たちばなホームのフィリピン人職員第一号であり、介護福祉士の資格も持っている、地域の介護施設で働くフィリピン人にとって「憧れの存在」だ。

ヘルミニアさんは白血病で倒れた弟の医療費を稼ぐために八六年に日本人男性と結婚後に来日し、働いていた。残念ながら弟は亡くなってしまったが、二人の子どもを授かったヘルミニアさんは教育費を稼ぐため、ホテルのベッドメイキング、弁当屋などいろいろな仕事に就いた。

必死だった。介護の仕事に就くために、ホームヘルパー二級（現介護職員初任者研修）の資格も取得した。

しかし、どこの介護施設も不採用だった。ヘルミニアさんが言う。

「『給料はいらないから使ってください』と言ってもダメ。当時、外国人は信用されなかったのです」

ヘルミニアさんは困っていた。

ちょうど同じ頃、偶然にも困っている人がもう一人いた。たちばなホームの羽生施設長である。こちらは人手不足に苦しんでいた。いくら求人広告を出しても、一切反応がなかったのだ。そんな折、羽生施設長は「ホームヘルパーの資格はとったけど就職できないフィリピン人」の存在を知る。試しに四人のフィリピン人と面接してみた。カタカナの長い名前。くらくらするほど強いコロンの香り。しかし、皆、日本在住十五年以上で、日本語の会話に問題はなかった。羽生施設長は「すがる思い」でその四人を採用した。その中の一人がヘルミニアさんだった。

職員の中には眉をひそめる者もいたが、爪を綺麗にすることやコロンはつけないことなどを条件に承諾が得られた。トラブルは一切なかった。むしろ利用者からは「いい人たちだね」という反応があった。聞くと、「いつもニコニコしているから」「私の言うことをよく聞いてくれる」。

特に羽生施設長が目を見張ったのは、フィリピン人たちの食事介助の巧さだった。フィリピン人が担当した利用者は、なぜか食事量が増えていた。その理由は、フィリピン人が〝褒め上手〟だったこと。褒められるとつい食べてしまうのだ。

すると、就職を希望する在日フィリピン人が次々とやってきた。ヘルミニアさんたちの仕事ぶりが口コミで広まっていったのだ。

だが、良いことばかりではない。彼女たちは母国に帰るために突然来なくなったり、長期間休んだりする。事前に休む期間を伝えるなど「日本における休暇を取るルール」を教えなければならなかった。また、彼女たちは喋ることはできても読み書きは苦手。日誌など文書での申し送りが出来ない。日本人スタッフが聞き取って代筆することが必要だった。

ヘルミニアさんはこう語る。

「確かにフィリピン人のスタッフは漢字も読めないし、『教えてもダメだから』と思われている。でもね、みんな勉強してスキルアップしたいと思っているんですよ」

その言葉を裏付けるように、〇八年頃から、ヘルミニアさんは介護福祉士資格取得の準備を始めた。

しかし試験を受けてもダメだった。日本語の壁は高かったのだ。そんなヘルミニアさんの奮闘を支援したのが、羽生施設長らが〇八年に立ち上げた日本語教室「すみだ日本語教育支援の会」だ。対象は、介護職の定住外国人。講師には、早稲田大学大学院の研究者と現役の介護福祉士などを招聘した。ヘルミニアさんはこの講座に通い、六度目の挑戦で、ついに介護福祉士の試験に合格する。

「色々な人に助けられてきたから、お返しがしたいと思っていた」

そう思ったヘルミニアさんは一六年、介護の仕事をするフィリピン人女性たちとともに、タガログ語で「手を取り助けあう」を意味する「アボットカマイ」という名のグループを結成。介護施設で歌やフィリピンの踊りを披露したり、今後は英語を教えるボランティア活動を予定している。「介護のフィリピン人」は着実に東京の下町に根付きつつある。

溢れる大粒の涙

介護職に従事するのはヘルミニアさんたちのように日本人と結婚したフィリピン人だけではない。

EPAによる外国人介護福祉士〝候補者〟の受け入れも看護師同様〇八年から始まっている。EPAでは原則三回まで不合格が許される看護師に対し、介護福祉士候補者が受験できるのは原則一回のみ。不合格だと帰国しなければならない。

その極めて高いハードルを見事突破し、介護福祉士試験に合格したフィリピン人女性がいる。ディアマンテ・ジュリアン・デリンさん(36)だ。一一年に来日。徳島に拠点を置く社会福祉法人健祥会に入社した。四年間の勉強で一五年に介護福祉士試験に合格。一七年から世田谷区内の特別養護老人ホーム「エリザベート成城」で働いている。小田急線成城学園前駅で降りて閑静な住宅街の中を歩くこと十数分――。ジュリアンさんは笑顔で出迎えてくれた。

ジュリアンさんは大学卒業後、フィリピン国内で外資系企業のコールセンターで七年間働いていたが、父親が病気になり、転職を考えた。

「治療代がたくさんかかるというので、給料がたくさんもらえる外国で働く方法を考えました」

そこでＥＰＡで日本に行き、介護福祉士を目指すことに決めた。

介護の仕事では発見が多かったとジュリアンさんは語る。

「いつも私を『ミリオンちゃん』と呼ぶ認知症の方がいたんです。パチンコ屋の名前なんですよ（笑）。認知症の方は、自分のつけた名前で私のことを認識しているんです」

ジュリアンさんは普段は表情が乏しく喋らない認知症の男性のことが忘れられないという。その男性がある日、笑顔を浮かべ、「君、ありがとうね」と言ってくれた。

「あのときは、心を触ってもらったみたいな気持ちになりました。認知症の方って、すぐ忘れるんです。名前も忘れちゃう。でも、顔だけは覚えてくれていて、私が近くに行くと、『わあ、来た。良かった』と言ってくれたときは嬉しくて……」

そう言うと、ジュリアンさんの目からみるみる大粒の涙が溢れてきた。涙の訳を聞くと、

「利用者さんの人生の中で、私は最終盤に出会う人でしょう。だから少しでも楽しい時間を過ごしてもらいたいと心がけているんです。でも、何人もの利用者さんとお別れしてきました。つい、その人たちの顔が思い浮かんできて……」

利用者に顔を覚えてもらえるのは、言葉が完璧ではない分、相手の話を丁寧に聞こうとする姿勢が伝わっているからだろう。

取材中、ふと「東京の物価は高すぎる」と漏らした。東京で仕事をし続けたいとも言うが、こうも言う。

「友だちも（日本で初めて住んだ）徳島のほうがたくさんおるから、あっちのほうが楽しいかな」

ジュリアンさんのはにかんだ笑顔に阿波弁がにじんだ。

◇

生物の生息地において、外界との境界線の部分、つまり異なる環境と交差する場所では、多様な生物が生まれ、豊かな生命が育まれる。それを「エッジ効果」という。

今回、世界有数の大都市・東京で必死に働くフィリピン人を取材していて、そのことを

思った。

長年取材していても、取材中に相手が涙を流しながら語ることはそう多くはない。だが、今回、複数のフィリピン人が瞳に涙を溜めて日本人との思い出を明かしてくれた。日本人と心の深い部分で繋がり、両者の間で流れた豊かな時間が、涙という身体的表出となったのだろう。

今回取材した三職種には、きつい、汚い、給料が安いという３Ｋのイメージがつきまとっている。数年前、ＥＰＡで来日した介護福祉士が、「健康」「工夫」「共感」こそが３Ｋだと、介護のポジティブな側面を表現した。今回登場したフィリピン人たちが仕事に対して抱いていた想いを私なりの３Ｋで表わすならば、「感動」「幸福」「感謝」だったような気がする。異なる文化との出会いは、多くの気づきと、可能性を与えてくれる。

西所正道（にしどころ　まさみち）ノンフィクションライター。一九六一年奈良県生まれ。著書に『五輪の十字架』、『「上海東亜同文書院」風雲録　日中共存を追い続けた五〇〇〇人のエリートたち』、『そのツラさは、病気です』、『絵描き　中島潔　地獄絵１０００日』などがある。

将棋の聖地に通う男たちの青春

今日もこの地で勝者と敗者が生まれている

北野新太

千駄ヶ谷の将棋会館

寝静まる真夜中の街。

対局室の光は消えない。

死闘を終えたばかりの男が二人いる。

瀬川晶司、四十七歳。

今泉健司、四十四歳。

勝った者は安堵の囁きをもらしている。敗れた者は自嘲の笑みを浮かべている。両者とも髪は乱れ、ネクタイは緩んでいる。紅潮した顔は白熱の余韻を漂わせている。

二〇一八年三月十五日、東京・千駄ヶ谷、深夜零時。新しい日付を迎えても四階の対局室「飛燕」での感想戦は続いている。戦い終えた勝負を互いに振り返り、読み筋を語り合う儀式である。

第七十六期順位戦C級2組最終十回戦。瀬川五段対今泉四段戦は午前十時に始まり、昼食休憩と夕食休憩を挟んで夜戦に突入した。二人が何度も繰り返してきた一日のリズムだった。

激闘の果てに、瀬川は勝勢を手繰り寄せた。正着を重ねれば勝利に辿り着ける戦況だったが、持ち時間を使い果たして一分以内に次の手を指さなくてはならない「一分将棋」の切迫に追われ、失着を指す。死線での延命に成功した今泉に形勢の針は一気に傾いた。午後十一時十六分、瀬川投了――。

戦い終えた二人が訥々と交わしていた声も、澄んだ駒音もやがて消えた。四十枚の駒を収めた駒箱が将棋盤の中央に置かれた。両者は深々と頭を下げ、一日は終わった。

珍しいことなど何ひとつない。夜の将棋会館のありふれた風景だった。

オールドルーキー

二人には共通項がある。いずれも棋士養成機関「奨励会」で四段（棋士）昇段を果たせないまま年齢制限の二十六歳を迎え、退会した過去を持つ。

後にアマチュアとして再起し、瀬川は三十五歳、今泉は四十一歳の時に編入試験を突破し、棋士になる夢を叶えた。戦後、奨励会を卒《お》えずに棋士になったのは彼らだけである。

順位戦は二人が幼い頃から夢見た名人へと続く棋戦。最下級のC級2組から一つ上のC級1組には年度毎に三人が昇級する。今期、C級2組に属する棋士は五十人。這い上がれるのは五十分の三という狭き門だったが、瀬川戦に臨む前の今泉は昇級の目をわずかに残していた。

自らが勝ち、同星で並んでいた五人全員が敗れれば昇級枠の最後尾に滑り込むことになっていたが、五人は全員勝った。奇跡の男による奇跡の昇級という筋書きを描き、待機していたテレビクルーはドラマの可能性が消えると同時に現場を離れた。

戦後最年長のオールドルーキーだった今泉は、史上最年少棋士の藤井聡太六段とともに開幕七連勝と首位を走ったが、その後に連敗。千載一遇の好機を逸し、八勝二敗で今期を終えた。前局で昇級を決めていた藤井は同日の最終戦でも軽々と勝利し、十戦全勝で名人への階段を上がった。

手痛い敗北によって四勝六敗と負け越した瀬川は、足早に会館を出て千駄ヶ谷の街を歩いた。

「なぜかは分からないんですけど、負けた日は一刻も早く会館を立ち去りたくなるんです。ずっと昔から。千駄ヶ谷は……常に気持ちが浮き沈みする街です。街を歩いている時、平穏な気持ちでいられた記憶はあまりない。対局の朝はどんな将棋を指せるだろうかと熱くなりますし、勝てば高揚する。でも、負ければ苦しい思いを抱える」

すぐ近くで棋士仲間と研究用に借りているマンションの一室に戻ってベッドに潜り込んだが、どうにも寝付けなかった。

再び街に出て馴染みのバーで一杯飲み、負けた夜にいつも抱える思いに囚われる。自分は甘いんだ。

今日は勝てる将棋だったのに、負けたのは自分が甘いからなんだ。

そして夜の街を力ない足取りで再び歩き、研究室に戻る。

ようやく浅い眠りに就いた。

水飲み場に王将の大駒

北側に新宿御苑、東側に神宮外苑、西側に明治神宮。千駄ヶ谷は都心に在りながら緑地に囲まれた穏やかな街だ。ややスケールは小さくなるが、南側にも表参道の並木道があり、ファッショナブルな都市生活者たちの心に緑の憩いを与えている。神宮球場や秩父宮ラグビー場でシーソーゲームの激闘でも行われていない限り、街は静寂に包まれている。

地名に含まれる「駄」は江戸時代に定められた重量の単位。馬一頭に背負わすことの出来る荷物の総重量を指しており、一駄は約百三十五キログラムとされる。古来、一日に千駄の茅が採れる大地が広がっていたことを地名の由来とする説が有力だが、確たるところは分かっていない。

江戸から明治へと時代が移ると、天璋院篤姫が江戸城を出て徳川千駄ヶ谷邸に居を移した。明治十六年（一八八三年）に四十七年の生涯を閉じるまで現在のＪＲ千駄ヶ谷駅前に所在した屋敷で晩年を過ごした。

明治から昭和初期までは牧場で乳牛が飼われているような土地だった。東京大空襲時は特に戦災の激しい地点となり、辺り一帯が焦土と化した。

一日の乗降客数が約三百六十万人を超え、ギネスブックに世界一と認定された新宿駅から「黄色い電車」の中央・総武線各駅停車の千葉方面行きに乗り、代々木駅を挟んでわずか二駅目、所要時間三分の場所に千駄ヶ谷駅はある。一日の乗車人数は中央・総武線区間内で最少の約一万九千人だ。首都高速四号線の下に遠慮がちに隠れるようにして存在している。

将棋の聖地であることを示す象徴として、一九八〇年にはホーム上の水飲み場に王将の大駒が設置された。駅における唯一の個性と言ってもいい存在だったが、二〇二〇年東京五輪に向けた構内のバリアフリー化工事により撤去された。終了後に再設置される予定となっている。

たったひとつの改札口を抜ける。新緑の季節なら頭上の街路樹が目に眩しい。駅前交差点の対角には、都心とは思えない広大な空がある。

南側への視線の先には街のランドマークたる東京体育館が佇んでいる。ジュラルミン製のメタリックな天井部分が陽光に煌めいている。

次なる惑星での任務に備えて一時停止している巨大な宇宙船を思わせる外観だが、不思議と奇抜な印象は与えずに街と調和している。メインアリーナ前の敷地には、緩やかな勾配で石畳の広場が目的もなく広がっている。

一九九〇年二月、建築家・槇文彦の設計によって東京体育館は竣工した。建築界のノーベル賞とも呼ばれるプリツカー賞を、二人目の日本人として師匠の丹下健三に次いで受賞した人物だ。二〇一八年九月に九十歳になる。

「通り抜ける楽しさを感じてもらいたい、ということが第一にありました。体育館でのイベントが何もない時は目の前の広場で親子でキャッチボールをしたり、芝生のスペースでバレエのエクササイズをするような。そのような場所になればいいと考えたんですね」

石畳の広場はメインアリーナとプール、サブトラックの間を通り抜け、外苑西通り側、国立競技場側に降りていく動線へとつながっている。自由な周遊性こそが当初から槇の意図した機能だった。

「私が目指したものは、ただの体育館としての役割だけではありません。訪れる人には、キャフェでの語らいなども自由に楽しんだりしてほしいという願いがありました。千駄ヶ谷という穏やかな街並の一環としての建築としてありたいという意識が強くあったのです。今まで、どんなスポーツイベントがあっても千駄ヶ谷は混みすぎる街にはならないことを保ってきた。体育館があることで心の穏やかになる風景が持続され、広がり続けたらいい」

かつては、一九六四年東京五輪の体操と水球の会場として使用された旧東京体育館が建っていた。老朽化によって八四年に建て替えられることが決定すると、設計者に指名された槇には難問が課された。動員数を旧体育館の四千人から八千人に倍増させることを求められる一方で、都市計画法に守られた風致地区のため、最大の高さを二十八メートル以下に抑えなくてはならない厳格なプロジェクトだった。

「敷地も広くなかったので、とても難しいチャレンジでした。メインアリーナの半分近くを地下に埋めてヴォリュームを抑える工法でなんとか高さの問題を解決することが出来たのです」

シンプルで美しいモダニズムと快適な公共性との両立が槇建築の哲学である。六七年から二十五年間もの歳月をかけて完成した代官山の複合建築「ヒルサイドテラス」と並ぶ代表作になった。

千駄ヶ谷一帯と槇の縁は深い。二〇一五年に閉館されるまで東京体育館の西側道路を隔てた反対側に建っていた津田塾大学のコンサートホール「津田ホール」（一九八八年）も手掛けている。神宮球場の隣にはクールな外観の「テピア」（八九年）、表参道の国道二四六号沿いには、螺旋状のスロープを大胆に施した多目的ビル「スパイラル」（八五年）が現在も建つ。いずれもモダンでありながら周囲の風景に溶け込んだ建築である。

ジャズバーのマスター

千駄ヶ谷駅前交差点から東京体育館を左手に望む横断歩道を渡り、直線の舗道を二百メートルほど進む。カフェなどが軒を連ねる一角に出る。

冒険家の三浦雄一郎がヒマラヤ遠征前に必ず立ち寄るステーキ店「CHACOあめみや」が地下に入るビルには、地上から二階店舗に上がる石造の外階段がある。何代か移り変わった二階のテナントは現在イタリアンレストランになっているが、一九七〇年代後半から八〇年代前半まで、生演奏の聴けるジャズバーだった。

当時まだ二十代だったマスターは七八年四月一日、店から歩いて十分程度の距離にある神宮球場でヤクルト対広島の開幕戦を観戦した。同年秋、ヤクルトが球団初の日本一に輝くシーズンのことだった。

一回裏無死。米国から来たばかりの新外国人選手デイブ・ヒルトンがいきなり左翼線二塁打を放った姿を見て、マスターは思った。そうだ、小説を書いてみよう、と。

営業時間を終えた後、店のキッチンで少しずつ書いたデビュー作「風の歌を聴け」は翌年の群像新人賞を受賞する。選考委員の丸谷才一は「この新人の登場はひとつの事件」と評した。

それから約四十年、千駄ヶ谷における十月の風物詩となったのはノーベル文学賞発表の夜である。作家・村上春樹に所縁のある街として、ジャズバー「ピーターキャット」跡地前にある鳩森八幡神社で、有志一同によるカウントダウンイベントが開催されている。今のところ歓声は上がらず、溜息の後に和やかな笑顔が広がっている。

神社を時計回りに回り込むと、緩やかな下り坂の途中に看板が見えてくる。「将棋会館」の四文字が刻まれている。

前回の東京五輪を三年後に控えた六一年、中野からの移転先として現在の場所に旧将棋会館は建設された。当時の将棋界は棋戦の増加などで活況にあり、木造二階建ての小所帯はすぐに手狭になった。新会館建設を待望する声に応え、尽力したのは後に十五世名人となる第一人者の大山康晴だった。

大山は自ら松下幸之助、土光敏夫ら財界の実力者に頭を下げ、故郷の岡山でも数々の企業を回って資金援助を募ることに奔走した。後に十六世名人となる中原誠も郷里の宮城で支援を呼び掛けた。

日本船舶振興会会長だった笹川良一の協力を取り付け、さらに全国の二万三千人を超えるファン一人一人から援助を受け、六億円の建設費が集まった。七六年、地上五階、地下一階の現在の会館が完成した。鉄筋コンクリートの煉瓦造り、当時としては人目を惹く瀟洒な建物だった。

落成式で大山は宣言している。

「新会館は棋道研鑽の修練場であり、プロとアマとが膝を交えて語り合うサロンであり、前進を謳歌する棋界の広場であります」

近年、期間を二度に分けて耐震補強工事を行ったものの、会館の外観も内装も完成当時から大きく変化していない。一、二階は一般客が出入りする売店や道場。三、四、五階は関係者のみが通行可能な日本将棋連盟事務局や七つの対局室がある。

階段に座り込んで昼食をほおばっている子供たちの間を掻き分けるようにして棋士が対局室へと上がっていく光景がよく見られる。進化し続けるコンピュータソフトが研究に導入され、現代将棋は最先端のテクノロジーと並走しているが、戦いの場は四十年前と変わらないアナログの風情を残したままだ。


瀬川晶司が初めて将棋会館を訪れたのは一九八二年、長期休暇中の一日だった。

「まだ中学一年生で将棋を指すのが楽しくて楽しくて仕方がない頃でした。横浜の郊外の道場に通っていたんですけど、毎日一緒に指していた友達と武者修業に行ってみよう、ということになったんです。総本山の将棋会館で力試しをしてみようって」

千駄ヶ谷駅を降り、徒歩六分の道程を歩いた。いざ建物の前に立ってみると武者震いがしたが、二階の道場で盤に向かえば連戦連勝だった。

「あの時、棋士になると自分はもう決めていましたから。正直レベルは高くないぞ、と思いました」

二年後、全国中学生選抜選手権で優勝し、棋士養成機関「奨励会」に入会する。門を叩いた頃は、棋士になることを微塵も疑わなかった。

毎月二度の対局日「例会」、棋士が指す公式戦の記録係、道場でのアルバイト。一人暮らしを始めた中野から千駄ヶ谷へと赴く日々は十二年間続いた。

「都会なのに静かな千駄ヶ谷は、今も昔もずっと好きな街です。最初に来るようになった頃から風景は変わっていませんよね。将棋とすごく調和していると言いますか……。でも、街の美しさを本当に理解できるようになったのは棋士になってからだと思います。奨励会員の頃は若かったし、将棋を指す場所、戦う場所でしかなかった」

例会を終えた後、会員同士で連れ立って代々木まで歩くのが恒例だった。値段の安いファミリーレストランで何時間もたむろして、負けた日は他愛ない会話を交わすことで屈辱と不安を慰撫した。

ファミレスに通う仲間たちの別グループには、誰もが一目置く存在がいた。大きな眼鏡を掛けて「ハブゼン」の愛称で呼ばれていた少年は、彗星のごとく昇級昇段を重ねていった。後の永世七冠、国民栄誉賞受賞者である。

同じ昭和四十五年の生まれ。早生まれで一学年上の瀬川が奨励会に入った翌八五年、早々と四段昇段を果たし、加藤一二三、谷川浩司に次ぐ史上三人目の中学生棋士となった。

だから、瀬川には同世代らしい交流の記憶はない。6級、5級、4級、3級、2級、1級、初段、二段……。わずか三年で修業時代を駆け抜けた羽生善治とはもちろん違う。瀬川は長い歳月の中でひとつずつ階段を上がっていった。対局の朝は鳩森八幡神社の境内に立ち寄った。八六年に日本将棋連盟が一・二メートルの巨大な駒を奉納した「将棋堂」の前で手を合わせ、祈った。僕に勝たせて下さい——。

二十歳の二段だった九〇年、東京体育館が建った当時のことをよく覚えている。

「あの辺りをよく歩きました。広々としているので午前と午後の対局の間に散歩に来て、体育館前のベンチに座ってボーッと考えたりして……」

九二年春。瀬川は二十二歳で棋士への最終段階である三段に昇段した。年齢制限まで残り四年。遠く、重い一歩にもがき続ける日々が始まった。将棋堂参拝の習慣は、いつの間にか途絶えていた。一局の将棋に負ける度、絶望が襲った。同時に、楽しく遊ぶことに甘えた。中野のアパートは、いつも奨励会員たちの憩いの場所だった。

「自分は死んでも勝つ、何が何でも勝つんだと思い続けて戦っていたら四段になれたと思うんです。でも、自分はそうじゃなかった。そうはなれなかった」

四段昇段を目指す三段リーグは、三十数名の三段が半年間にわたって各十八局を戦う。

全員がプロと遜色のない実力を持つが、昇段の切符を手にするのは上位わずか二人。八期在籍し、夢に挑み続けたが、瀬川には神様が与えた力はなかった。八期とも七勝以上を挙げたが、一度も十一勝以上には達せず。十二〜十四勝の昇段戦線には加われなかった。突出し、屹立する何かが瀬川には欠けていた。

九六年二月、同い年の羽生善治が史上初の七冠独占を成し遂げたと同時期に退会が決まった。小学生の頃から追い続けた唯一無二の夢は奪われ、将棋以外のことなど何も知らない二十六歳の自分だけが残された。

「退会が決まった日、千駄ヶ谷を歩いた記憶がないんです。電車に乗って中野に着いて、アパートの部屋には帰らずに何時間も彷徨い歩き続けたことは覚えてるんですけど」

最後の例会。将棋と出会ってから初めて、勝つ意味のない勝負に臨んだ。連勝で終え、仲間たちに別れを告げた。

「最後に千駄ヶ谷の街を歩きながら、もうこの道を歩くことはないんだろうなと思っていました」

奨励会を去っていく者に贈られる一組の「退会駒」を手に歩いた。

「なんでこんなものを渡されるんだろうと思いました。僕はもう二度と将棋をやるつもりなんてないのに」

村山聖と雀卓を

数か月後、もう二度と来ることはないと思っていた将棋会館に所用で訪れた。四階の検討室「桂」を覗くと「おお！　瀬川君じゃないか！」と声を掛けられた。

難病ネフローゼに冒されながら、名人を目指してA級の地位に在った同学年の村山聖《さとし》だった。奨励会員とA級棋士。あまりに遠い立場だったが、村山は瀬川のことを気に掛け、よく一緒に雀卓を囲んだ。「何も言わずに去っていくなんて……。何か言ってくれれば餞別ぐらいあげたのに」「じゃ、今からくださいよ！」。笑いながら別れたのが最後になった。

一九九八年八月、二十九歳の村山は名人への夢の途中で世を去った。瀬川は同じ年の六月に父親を交通事故で失っていた。

「父がいなくなった後、すぐに村山さんのニュースを聞いて……。どうしようもない寂しさに襲われました」

自分は何をして、どのように生きていくべきなのか。再生のため、追い求めたのは盤上の世界だった。奨励会時代に持っていた棋譜や書籍などは全て焼き払ったが、研究のための駒は残されていた。夢を失った日に受け取った退会駒だった。

「今でも使っているんですよ。綺麗な彫り駒ですし、あの駒に触れていると初心を思い出せるような気がして」

二十七歳で通い始めた大学を卒業した後、サラリーマンになる。NECの関連会社にシステムエンジニアとして勤務しながらアマ棋戦に参戦した。

恐怖と闘う将棋ではなく、悦びとして指す将棋は輝きを放ち始める。アマ名人、アマ王将のタイトルを奪い、プロの公式戦に参加するようになると、棋士を相手に勝ちまくった。A級棋士の久保利明に勝利し、対棋士戦勝率が七割を超えると、特例でのプロ入りを目指すべきと進言する声が周囲に広がり始めた。

二〇〇五年、編入試験六番勝負で三勝を挙げて合格し、戦後初の編入棋士になった。

一八年秋には、松田龍平の主演で瀬川の半生を描く映画「泣き虫しょったんの奇跡」が公開される。「聖の青春」「3月のライオン」に続く将棋映画として、夢とは何かを世に伝える。

「村山さんの人生が映画になるのは分かりますけど、まさか僕が主人公になるとは思いませんでした……」

初めての立ち食いそば

羽生善治には十数年前から続くルーティーンがある。

真夏と真冬を除き、対局の朝はJR渋谷駅から将棋会館までの約三キロの道程を約三十分かけて徒歩で通っている。渋谷駅東口を降り、明治通りを北へ。途中、住宅地を歩き、商店街を抜けて、将棋会館に辿り着く。

「歩いている時は何も考えていません。ただぼんやりとしているだけです。千駄ヶ谷の周辺は散歩するのに非常に良い街なんですよ。歩いているとけっこう発見があって、街並が変わっていくのが分かるんです。アパレル関係のお店は昔から多いですけど、最近では自転車屋さんが増えてきました。本格的に自転車をやろう、という人が来る街になっているんでしょうか……」

歩いていると、渋谷も千駄ヶ谷も「谷」であることがよく分かるらしい。

「青山はやはり『山』なんです。青山から千駄ヶ谷に向かって、すごく下っていきますからね」

趣味を問われ「散歩」と答える人にとって絵画館周辺、神宮外苑は理想のコースだ。

「日本青年館、明治公園の辺りも好きですね。今は完全に新国立競技場の敷地になって様変わりしてしまいましたけど……」

以前は対局中の昼食、夕食休憩では千駄ヶ谷の街に出て食事を取るケースが多かった。静かな街を歩くことは盤上の思考から離れられる最良の気分転換だったが、コンピュータソフトの劇的な進化により、一六年から対局中の外出は禁じられている。

「将棋を指すにはとてもいい街だと思っています。私が将棋を始めた頃から将棋会館は千駄ヶ谷にありますから、やはり愛着はあります」

奨励会時代に通った代々木のファミリーレストランは今はもう無い。一緒に笑い合った森内俊之、佐藤康光、郷田真隆らとは共に時代を築き、覇権を争うことになる。小学四年から世代の頂点で戦い、羽生よりも先に永世名人になった森内は最近、千駄ヶ谷との付き合い方が変わった。一七年五月、日本将棋連盟のナンバー2である専務理事に就任し、同二月に会長に就任した佐藤康光を支えている。小学生時代から戦いの場だった街は初めて通勤先にもなった。

「ずっと一緒に過ごして、盤上で戦ってきた仲間と手を携えて運営側に回るのは不思議な感覚もあります。今までは戦うためだけに来て、どこか張りつめたような思いもありましたけど、千駄ヶ谷に通うことが日常になって気持ちも変化しました」

羽生と同じように、街に深い愛着を抱いている。

「都心なのに静かな環境なので、将棋を指すには絶好の場所ですよね。数々の対局を重ねて来ましたし、思い返すと色々な記憶が甦ってきます。初めて立ち食いそばを食べたのも千駄ヶ谷駅でした（笑）。もうお店は無くなっちゃいましたけど……。外苑の景色を見ながら歩くのが好きですね。長い付き合いになりましたけど、千駄ヶ谷という街と触れ合いながら成長を積み重ねて来られたことを嬉しく思います」

瀬川もまた、街と出会って三十五年、棋士生活十四年目を迎えた。

「昔、奨励会員だった頃はいつもうつむいて歩いていました。今でも、顔を上げて、とは言えないですけど……。普通の人と同じ視線で歩けるようになった」

通算二〇六勝一八二敗（一八年三月末現在）。タイトル戦のような晴れ舞台、大勝負を経験したことはまだない。四十八歳。もう爆発的に成長できる年齢ではないのかもしれない。

「でも、羽生さんは今も頂点にいるわけですから。年齢による衰えなんて言い訳にはならない。もっと勝たなくちゃとは思いますけど、好きなことをして生活できることは何ものにも代え難いことです。棋士として将棋を指すことが好きですし、僕は将棋を指す人や将棋に関わることが好きなんです」

五十歳を前にした男として、自己を見つめる視線も変わった。

「人間の本質というものは、なかなか変わるものじゃないと思うようになりました。もちろん、死んでも勝つ、勝つんだという気持ちで戦っているつもりですけど、他の棋士よりも『死んでも勝つ』という思いが弱いのかもしれないと正直思う。だから、自分の弱い部分を認めて戦っていくしかないと思います。一花咲かせたいし、舞台は常に千駄ヶ谷であってほしいと思いますし、将棋と千駄ヶ谷はずっと共にあってほしい」

槇文彦の直感

今のままであってほしいと棋士たちが願う街が劇的な変貌を遂げる流れを食い止めたのは、槇文彦だった。二〇一二年、新国立競技場の建て替え案に採用されたザハ・ハディドのプランに対し、先頭に立って見直しを訴えた。

「あまりにも巨大すぎると思えたんです。建築物の高さが最大で二十五メートルだった街において、高さ七十メートルもの巨大なスタジアムが絵画館の隣に出来ていいとは、私には到底思えなかった。図面を見た時、直感的に思いました。完成したものを図面の段階で判断できる建築家として今、言うべきことは言わなければと思ったんです」

環境面、費用面などで様々な課題が浮上し、槇の意見は世論の後押しを受けた。一五年、ザハ案は政府によって白紙撤回に至った。

周辺環境に配慮した隈研吾の新案は既に完成像を思い描けるほどに工事が進んでいる。夜間になると各フロアに整然と並ぶライトが灯るようになった。

「新国立が完成すれば周辺の風景は変わると思いますが、千駄ヶ谷という街の全体をつくっていくものになればいいと思います。周辺を散歩して違和感を抱かない建築になるかどうか。今、都市圏では集合住宅に住む人が多くなりました。だからこそ、歩いている時に心地良さを感じられる、いかにヒューマニズムのある街をつくっていけるかが建築家である我々に問われているのです」

実は幼い頃からの将棋ファンでもある。一八年二月、羽生善治と藤井聡太が公式戦で初対戦した朝日杯オープン戦も現地（有楽町朝日ホール）で観戦した。

「子供の頃はよく指しましたし、今はNHKやAbemaTVで熱心に観戦しています。つい、夜遅くまでお付き合いさせられてしまう……。やはり、勝つか負けるかということに惹かれる。僕らにもコンペというものがありますけど、あれは勝つ、負けるということではないんです。勝敗があるとするなら、良い建築物が出来たかと自分に問う時だけ」

二〇一七年春、千駄ヶ谷駅前でかつて手掛けた「津田ホール」の西側敷地で、津田塾大が新設した総合政策学部校舎を設計した。屋上に新宿御苑の緑を望む庭園を造り、植栽のある中庭を据えた。槇は今も、千駄ヶ谷の穏やかなランドスケープを自らの手で更新している。

大山康晴と藤井聡太

二〇一八年四月十日、将棋会館四階特別対局室。第三十一期竜王戦5組ランキング戦準々決勝・藤井聡太六段対阿部光瑠《こうる》六段戦は激戦となった。

最終盤、両者一分将棋に突入する。逆転を図る阿部は勝負術を駆使して局面を複雑化させたが、藤井の指し手が揺らぐことはなかった。

デビュー直後は若々しく鮮やかに勝っていた十五歳の将棋は、負ける可能性を徹底的に排除していく王者のスタイルに変化している。

午後十時四十一分、阿部投了。

日付が変わり、なおも続けられた感想戦の間、藤井は朗らかな笑みを浮かべ続けていた。負けることの恐怖など一切なかったかのように。劇的な終盤戦でさえ、大好きなものを存分に体感するためのショーだったと語るかのように。

深夜零時四十分。藤井は煉瓦造りの建物を出た。

高校の入学式を終えたばかりの級友たちは、翌日の授業に備えて夢の中にいる頃だった。たった一人、藤井だけは学校のある名古屋市から三百五十キロも離れた東京の千駄ヶ谷という街にいた。クラスメイトたちとは違う宿命を歩み始めている。生きていく場所は勝負の世界だった。

「千駄ヶ谷に来たのは、三段リーグ最終日（四段昇段を決めた日）がようやく二度目だったんです。でも、落ち着いていて好きな街ですね。お洒落なカフェとかもたくさんありますよね……まだ自分には無縁ではありますけど……。目の前に鳩森八幡神社もありますし、千駄ヶ谷で戦っていけることはとても嬉しいです」

四十二年前の落成式で、大山康晴が来客を出迎えていた場所に藤井は立っている。辺りは真っ暗な闇に覆われていたが、藤井は晴天の午後のように爽やかに笑っている。折り目正しく頭を下げると、都内に単身赴任している父親の元に向かうためタクシーの後部座席に乗り込んだ。

将棋会館前の坂道には完璧な沈黙が広がっていた。二年後、新国立競技場に響き渡るであろう拍手や喝采は、戦いの渦中にある棋士たちの耳にも届くのだろうか。
穏やかな街に朝が来れば、再び勝負は始まる。夜には新しい勝者と敗者が生まれる。
（文中敬称略）

北野新太（きたの あらた）報知新聞記者。一九八〇年石川県生まれ。著書に『透明の棋士』、『等身の棋士』がある。

JR貨物「隅田川駅」のいま

乗客なき路線がなぜ今も生き残っているのか

長田昭二

土浦発隅田川行き貨物2092列車

秋深い月曜の朝、私は隅田川駅を訪ねた。

この駅名を聞いて、「ああ、あそこか」とわかる人がどれほどいるだろう。知らないのも無理はない。隅田川駅は貨物専用の駅で、旅客列車の出入りはない。一般市民がこの駅に用事を持つことはまずないだろう。

場所は常磐線の南千住駅の東側。東京ドーム五個分の敷地に十六の着発線（編成の整った列車が目的地に向けて出発し、また到着する線）と、十二の荷役線、五面のコンテナホームを有する国内屈指の貨物駅だ。都内にはもう一つ、品川区八潮に東京貨物ターミナル駅（略称「東京タ」）という大規模貨物駅があり、この二駅が首都圏の鉄道貨物の拠点となっている。「東京タ」が主として関西や九州など西向きの列車を仕立てるのに対して、隅田川駅は北海道や東北、新潟方面に向けた貨物列車の発着駅となっている。旅客駅に例えると、少し前までの東京駅と上野駅のような位置づけだ。

隅田川駅や「東京タ」は日本貨物鉄道株式会社、通称「ＪＲ貨物」が運営している。一九八七年に国鉄から分割されて誕生した会社だ。分割民営化の際にはお荷物扱いされ、「安楽死論」まで囁かれた。

鉄道ファン以外にとっては、ＪＲ東日本や西日本のように馴染みもないし、普段は存在を意識することもほとんどないだろう。

ところが実際は、アマゾンなどEコマースの隆盛で増え続ける日本の物流を陰で支えてくれている、頼もしい存在なのだ――。

日頃、私は「医療」をテーマに取材をし、原稿を書くことが多い。これはこれで奥が深く、取材のたびに勉強になるので飽きることはない。

ただ、たまには違う世界の原稿を書きたいとは思う。そこで、かねて一度取材してみたかった鉄道、しかも「東京の貨物列車」について書いてみたいと思った。

鉄道にも色々ある中で、私は貨物列車が好きだ。理由は「人が乗れないから」だ。規則で人を乗せることが禁じられている。カネさえ積めば宇宙へも行けるご時世に、貨物列車ほど贅沢な乗り物はないのだ。

もう一つ、貨物列車を愛する理由がある。貨物列車が走る「貨物線」への憧れだ。少年期を横浜で過ごした私は、小中学生時代、放課後に自転車で本牧あたりを走り回った。港へ続く引き込み線のレールは、旅客線のそれと比べて見劣りがした。レールを覆うように雑草が生えていたりもする。でも、そんな貧弱なレールも、幹線につながっている。朽ち果てたように留置されている貨車だって、その気になれば東京駅にも大阪駅にも、青森や博多にだって行くことができるんだ、と考えるとワクワクした。しかしその半面、そもそもこんなところを本当に列車が走るのだろうか、という疑念も湧いてくる。この疑念が大きいほど、本当にその線路を貨物列車が走ってきた時の喜びも大きくなるのだが。

少年時代の思い出があるからか、五十を過ぎた今も、夕方や曇天の日に臨港地区の工場や地方の倉庫などにつながる貨物専用線を眺めていると、言い知れぬ郷愁に襲われる。大分むぎ焼酎二階堂のテレビＣＭにも似たノスタルジーを感じるのだ。

物流の主役はトラックに

隅田川駅は「開いた左手のひら」のような形をしている。親指のあたりが貨車の検修施設がある貨車区。人差し指が貨物列車の着発線、中指から薬指は荷役線などがあり、小指の先に機関車の検修庫があるようなイメージだ。

そんな隅田川駅は、昔はもっと奥行きがあった。「指先」の数百メートル先まで伸びた線路の突端は、本当に隅田川に接していた。それどころか、線路と線路の間にはドックのような入り江があり、貨車と船が荷物を直接受け渡せる構造だったのだ。

しかし戦後は物流の主役をトラックに奪われ、隅田川駅は次第に規模を縮小。いまでは駅と川の間には高層マンションが林立し、水運時代の面影はない。

南千住駅から隅田川駅の駅本屋（駅の主要施設が入る中心的な建物）に向かうには、「手首」の部分を跨線橋で渡っていく。今回の取材で幾度もこの橋を渡ったが、いつも一人か二人、橋の上から構内作業を眺めている人がいた。東京駅から直線で六キロ、上野駅からわずか三キロの大都会に、マンションに囲まれて貨物駅が存在すること自体が不思議だし、見飽きることのない異空間なのだ。

構内全域が見渡せる駅本屋の中でも、最も見晴らしのいい席で仕事をしているのが、輸送助役の高野親一さん（45）。駅長の下で、その日駅を発着する貨物列車の運転業務を統括する責任者だ。二〇一八年四月「東京タ」から異動してきた。

「列車がダイヤ通りに走っていると、私の出番はないんですよ」と謙遜するが、じつは激務だ。コンテナの積み付け検査を終えて、信号担当に発車の指示を出すのも彼の仕事だ。

「発車時刻が迫っているのに検査が終わらないことがある。ハラハラしますよ」

極限までのスリム化

昔は貨物列車専用の路線が首都圏各地にあったが、民営化の際にJR貨物は極限までのスリム化を迫られ、路線などの資産は旅客会社に移管した。それにより、昔は貨物列車の路線だったところを旅客列車が走るようになった。

埼京線や横須賀線の一部、京葉線、武蔵野線などは、元は貨物列車の線路だったのだが、今では貨物列車は旅客鉄道会社の線路を借りて走る形になった。ダイヤは旅客鉄道会社に委ねられるので、ひとたび貨物で遅延が生じると色々とややこしいことになる。JR貨物の鉄道マンにとって、定時運行は安全に次ぐ優先課題なのだ。

「〝時間に追われている〟という意識は家に帰っても抜けず、子供にも時間厳守をつい厳しく言いがちです」

と苦笑する。

じつは高野さん、運転士に憧れて、鉄道学校の流れを汲む岩倉高校を卒業したクチだ。

「電車ではなく機関車を運転したくてJR貨物に入ったんです。ところが、入社後の適性検査でNGが出た。悔しかったし、今でも乗務できる人が羨ましい」

旅客列車の大半が「電車」によって運行されている。電車は床下に電気モーターが組み込んであり、車両自体が動く。それに対して、貨物列車は「機関車」が動力を持たない「貨車」を引っ張る形態をとる。ブルートレインなどの機関車による客車列車がほぼ消滅してしまった現在、日本で機関車が引っ張る列車は一部の特別列車を除けば貨物列車しかない。

それだけに高野さんの貨物列車への思いは人一倍強い。

「あそこの橋で入換作業を眺めている子供がいると、つい『貨物列車好きなの?』なんて声をかけちゃうんです。自分がそうだったように、貨物列車を好きな子が一人でも増えてくれたらうれしいじゃないですか」

輸送主任として、貨車の入換作業や信号操作を担当する大野貴幸さん(39)も岩倉高校OB。子供の頃に自宅近くに貨物列車を扱う駅があり、その光景を眺めて育ったことが今の仕事につながった。先の高野さんの思いを具現化したような人物だ。

入換作業や信号操作は貨物駅の華だ。ポイントを切り替えて、貨車を移動させて、計画通りの編成を組み立てていく作業は、眺めているとパズルのようで面白い。

「作業の前に、組み換える貨車の連結位置や留置している車両の位置を考えて効率的に貨車を並べ替える計画を立てる。これが終わった時は充実した気分に浸れます。実際の作業が思い通りに進んだ時の達成感はひとしおです」

他の駅にはない、隅田川駅ならではの面白さもある。

「ここには北海道や新潟などから、多くの貨物列車がやってきます。冬場は雪を載せたまま到着しますが、それを払うときに北海道と新潟の雪の質の違いがわかるんです。雪の降らない都会の駅で……」

貨物列車は物資だけでなく、地方の生活の息遣いまでも東京に運んできているのだ。

「拳一つ分」の隙間

旅客列車の客は、駅に着けば勝手に歩いて移動してくれるが、貨物は「人の手」で動かさなければならない。その移動はすべてフォークリフトに委ねられる。

左右両側にすでにコンテナが置かれた状態で、その間にコンテナを置かなければならないこともある。差し込むように慎重に貨車の上にコンテナを載せると、隣のコンテナとの隙間は「拳一つ分」しかない。まさに神業だ。

JR貨物のグループ企業、「ジェイアール貨物・北関東ロジスティクス」隅田川営業所主任の川瀬達也さん（41）は笑ってこう話す。

「慣れですよ。でも、より慎重な作業を求められるときは、スピードより慎重さを優先します。その分、作業にゆとりのあるメンバーがサポートすることで定時発車に結び付ける。一チーム十三人。チームワークは抜群です」

朝八時から翌朝八時十五分までの二十四時間勤務。深夜帯の列車の発着が多い隅田川駅では、夜の作業がメインとなる。

「夜は見通しが悪くなるけれど、夜ならではの風景がある。嫌いじゃないですね」

一度あの橋の上から、夜の操車場を眺めてみたい。

隅田川駅営業主任の鎌田充さん(43)は、「フロント業務」を担当している。

「フォークがコンテナを載せ終わると、私たちが出かけて行って一つひとつをチェックします。コンテナの扉の施錠と貨車への取り付け具合、そもそものコンテナが積まれた列車は指定の列車なのかなど。二十両編成の列車を三十~四十分かけて確認します」

一九九七年の入社以来、フロント業務一筋だ。

「特に鉄道好きというわけではないんです。でも、休日に娘たちと車で出かけたときなどに貨物列車を見かけて、『お父さんの会社の列車だ!』なんて言われると、やっぱりうれしいですね」

鉄道貨物の売りの一つに、二酸化炭素排出量の少なさがある。それは鉄道貨物を利用するメーカーにとっても、商品価値を高める要因になる。そこで、鉄道貨物で輸送する商品には、審査のうえで「エコレールマーク」の掲出が許可される。

「スーパーなどで買い物をしていても、このマークを付けた商品を見かけることが増えてきた。自分たちの仕事が社会に役立っていることを実感できてうれしくなります」

昔の貨物列車は、有蓋車や無蓋車といった「車両自体が器」の構造をした貨車が多かった。こうした貨車や、タンク車などを「車扱《しゃあつかい》」と呼ぶ。これらは駅で積載物を出し入れしなければならない。これに対してコンテナは、荷主がコンテナに荷物の出し入れをするので、駅ではコンテナをトラックと列車に移し替えるだけで済む。

国鉄から分離されてJR貨物が発足した当時、運輸収入で見ると車扱とコンテナの比率は半々だったが、現在では全体の九割をコンテナが占めるに至っている。この変化は劇的な効率化を生み、JR貨物の収益改善に寄与した。隅田川駅も「東京タ」も、今ではコンテナ以外の貨物は取り扱っていない。

地方から隅田川駅に貨物列車で運ばれてくるコンテナは、農産物や紙などを中心に一日平均六百四十一個。逆にここから全国に発送されていくコンテナは、宅配便や書籍、食料品などがメインで、コンテナの数は一日平均五百五十四個に及ぶ。もちろん、黙っていてこれらの貨物が集まってくるわけではない。メーカーなどに出向いて鉄道貨物の利用を呼び掛ける営業部門の努力がある。

隅田川駅構内にあるJR貨物関東支社北東京支店の営業課長、安藤倫有さん（34）は、「陰ながら日本を支えるような仕事をしたい」と考えてこの会社に入った。

宅配便事業者や大口の貨物輸送を必要とする企業に出向いて、鉄道貨物のサービスの案内や価格交渉などを行う。

「従来、輸送距離が五百〜六百キロを超えると鉄道貨物は有利とされていました。でも、近年はトラックドライバーの減少から、その距離が短くなっています。中距離でも鉄道貨物を利用しやすい提案をしたり、まとまったロットが見込める時には週末に運休している列車を走らせる検討もします。JR貨物の中でも隅田川駅は収益規模が大きいので、営業としても〝稼ぐ楽しみ〟があるんです」

動力車の拠点「機関区」

駅構内にある隅田川機関区を訪ねる。機関区とは機関車、つまり動力車の拠点となる場所だ。それだけに「機関区」という名称には力強さが漂う。隅田川機関区には、総勢百三十名の鉄道マンが従事している。

最初に検修庫を見学する。ここでは機関車の定期検査が行われる。私が見た時はＥＨ200という、動輪が八軸ある大型電気機関車の検査中だった。

ここの車両技術主任を務める五十四歳の男性は、昭和五十七年に国鉄に採用されたベテランだ。

出発間際の検査で異常が見つかると、臨機応変な対応が求められる。

「必ずしも替えの部品があるとは限らない。そんな時は、新しい部品を注文しておいて、とりあえず別の機関車から部品を取ってくるんです。仮の部品で修理をして列車を出発させて、注文した部品が届いたら借りた機関車に装着する」

ここにはＥＦ65という昭和の電気機関車もある。

「古い機関車はやっぱり愛着がありますよ。新しい機関車はモニターを見ながらの作業になるけれど、昔の機関車は〝俺が直している〟という気分になる。機関車を自分の子供とまでは思わないけれど、〝関係者〟ではあるね。たまに本線を走っているところを見ると、知らんぷりはできないよ（笑）」

事務所では主任運転士で指導養成担当の樋口賢治さん（59）が待っていた。やはり国鉄採用。運転士を目指す専門コースで入社した。以来四十年、運転士一筋で過ごしてきた。

「電気機関車は、陸上で最も重い乗り物。坂道やカーブでの走行技術、あるいはブレーキのかけ方も難しい。でも、慣れてくればあんなに重くて長い貨物列車を一センチ単位で動かせるんだから、面白い仕事ですよ」

貨物列車の運転は、旅客列車とは違う難しさがあるという。

「旅客列車はお客さんに衝撃が伝わらない操作が求められるが、貨物列車は重さとの闘い。変な位置で停めると再び動き出すのに苦労をする。これはやった者にしかわからない」

樋口さんも、好きな機関車はEF65だという。

「自分を育ててくれた機関車だからね。最近の機関車はコンピュータ制御だけど、昔の機関車には機械仕掛けの面白さがある。でもね、〝手を焼く〟というのとは違うんだ。機関車も女も、手の焼けるのは好きじゃない（笑）」

前述のとおり、東京の鉄道貨物の拠点は、東京貨物ターミナル駅と隅田川駅。JR貨物には、地域の拠点となる駅を「貨物ターミナル」と称する駅名ルールがある。隅田川駅はその規模と実績から見て、堂々の「貨物ターミナル」なのだが、あえて「駅」を名乗っている。そこには、明治三十年開業という、他の貨物駅にはない歴史の重みがある。

「ここは昔ながらの貨物駅の風情が残っています。曲線が多くて貨車の入換には不便なことも多い分、ここの職員は一人ひとりがコツをつかんで仕事をしている。よそからここに転勤してきた人は慣れるまで苦労するけれど、ここからよそに移った人はその日から活躍できますよ」

そう語る梶武さん（56）は、国鉄時代から数えて五十七代目の隅田川駅長。広大な面積を持つ駅と、五十一人の駅員を束ねる親方だ。がっしりとした体格と柔和な笑顔、そして大らかな性格は、「貨物の人」と呼ぶにふさわしい風格がある。

千葉県出身。高校卒業後、親戚の勧めで国鉄に入り、総武線の浅草橋駅などに勤務。民営化の時は多くの人がそうだったように、ＪＲ東日本を希望した。

「第一希望に東日本と書いたら、上司が『第二希望も書け』って脅すんですよ。それで仕方なく第二希望に貨物と書いたら、私だけが貨物になった。他の連中は第二希望なんて書いてなかったんですよ（笑）」

それでも、今となっては貨物でよかったと振り返る。

「旅客会社は東日本とか西日本とかエリア分けされているけれど、貨物は全国組織。日本中に仲間がいると思うと心強い」

都会のど真ん中にある隅田川駅は、周辺住民との共存が課題の一つ。地元自治体の緊急避難時の集合場所にも指定されているほか、年に一度、地域の人や鉄道ファンを招いて「隅田川駅貨物フェスティバル」を開催するなどの取り組みにも力を入れている。

「ここに貨物駅があることを知ってもらって、鉄道貨物に興味を持ってもらうことから始めないと」

と話す梶さんの後ろで列車が動き始めた。

「三〇五五（列車番号）です。札幌に行く列車です」

その頭にはあらゆる情報が詰まっている。

「あれで全長約四百三十メートル。先頭の二両は五稜郭（函館）で切り離す貨車だけど、今日は荷物が少ないね。一番後ろのコンテナは、南長岡から今朝届いた雪国まいたけ。新潟から東京経由で北海道に行くんです」

駅長に見送られて三〇五五列車は、定刻十二時十二分、車輪を軋ませながら駅を出て行った。明日の朝六時過ぎに札幌に着く。

貨物列車に乗った！

十一月十二日月曜日。私はＪＲ貨物広報室長の山田哲也さんと土浦にいた。昼過ぎに着いて食事をしながら鉄道貨物を取り巻く社会状況を解説してもらい、駅の改札口で隅田川機関区副区長の堀田真樹さん（47）と待ち合わせた。堀田さんは柔道選手のような堂々たる恰幅で、頭には昔のＳＬの機関士が被っていたようなカッコイイ帽子を被っている。我々三人は、これから常磐線を走る貨物列車に添乗して隅田川駅に向かうのだ。

前にも少し触れたが、貨物列車には乗務員以外の人間は乗ることができない。この人生で乗れるとは思っていなかっただけに、喜びは大きい。恥ずかしい話だが、添乗が決まってからの一週間で、自分が貨物列車に乗っている夢を二度も見た。

ＪＲ東日本の土浦駅の東側に隣接してＪＲ貨物の土浦駅がある。着発線と留置線が一本ずつあり、その間はコンテナホームが広がっている。宅配便や近くにある食品メーカーの商品などを取り扱うこの貨物駅からは、毎日上下とも二本ずつの貨物列車が発着している。我々が乗り込むのは、土浦を十五時十分に出発する隅田川行き貨物二〇九二列車だ。十二両のコンテナ車を連ねている。

旅客駅のホームと違って貨物駅のホームは低い。広い道路に貨物列車がいるような感じなので、近づくとその大きさに圧倒される。

年配の運転士がすでに乗り込んでおり、笑顔で招き入れてくれた。

我々が乗り込んだのはＥＨ５００という大型の交直両用電気機関車。「金太郎」という愛称がある。乗務員室は一畳半ほど。進行方向に向かって左側の席に運転士が座り、私は右側の、従来機関助手が座っていた席に座らせてもらう。座席は二つしかないので、堀田さんは運転士の後ろ、山田さんは私の後ろに立つ。何だか申し訳ない。

発車一分前、貨車のブレーキを解除する。時刻表や信号などいろいろなものを一つ一つ「ヨシ！」と指さしながら確認していく。

目の前のポイントが開通し、信号機が青に変わる。夢にまで見た貨物列車が動き出した。意外に静かな発車だが、すぐに後ろから連結器のガチャンガチャンという音と衝撃が座席を通じて伝わってくる。「重い貨車を引っ張っている」という感覚が突き上げてくる。

突然の鉄道無線

本線に入ると右にカーブしながら上り勾配になる。キーキーと音を立てて車輪とレールが擦れる。

「ここは雨の日は滑りやすいので、レールに滑り止めの砂を撒きながら走るんです」と堀田さん。彼も三十代前半までは機関車を運転していたのだ。

鉄道には、信号機と信号機の間に一本の列車しか入ることができない「閉塞」という仕組みがある。運転士が信号機のたびに「第三閉塞、進行！」と指差し喚呼する。それを堀田さんが復唱する。堀田さんの声は低くて伸びがあり、ラジオのアナウンサーにしたくなるような美声だ。

突然乗務員室内に、JR東日本の特急列車に向けた忘れ物捜索を依頼する鉄道無線のアナウンスが流れる。他にも時々「ブーッ」とブザーが鳴ったり、「チーン」と鐘のような音も鳴ったりする。何の意味があるのか知らないが、目が覚めるような大きな音だ。眠気防止なのかもしれない。

十五時三十分過ぎ、線路の左側に「交直切替」の標識が現れた。常磐線は、途中の藤代～取手間で交流と直流の切り替え区間がある。電車だと自動的に切り替わるが、機関車は運転士がスイッチで切り替える。切り替え区間の、電気が流れていない二十メートル弱を、列車は惰性で走る。システムの上では色々と複雑なことが起きているのだろうが、機関車は特段変わったことも感じさせずに直流区間に入った。説明がなければ気付かなかったと思う。

列車はだいたい時速九十キロで快適に走り続けているが、少し速度を落とすと後ろから「ガタンガタン」と音を立てて貨車が押してくる。そのたびに「ああ、いま貨物列車に乗っているんだな」と気付かされる。

取手駅を過ぎると電車の本数が増えるので、信号機の数も増える。指差し喚呼の回数も増えるので、運転士は忙しくなる。

北柏駅手前で待避線に入って停車した。

土浦駅から隅田川駅までの間で唯一の停車だが、これは後続の特急列車に道を譲るためのもの。旅客列車だと客の乗り降りのついでに駅で待避するが、その必要のない貨物列車は駅間で待避する。これも貨物列車ならではのことで、ただ停まっているだけなのにうれしくなる。

追走してきた特急「ときわ七八号」が本線を猛スピードで抜き去っていった。ほんの一瞬、静寂に包まれた。

いよいよ「貨物線」に

ふたたび発車して本線に戻る。今度は特急の後追いになるので、一気に加速してトップスピードに乗って松戸駅を通過。さすがにホームの人の数が多い。スマホを見ながらホームの端を歩く人が危なく感じられる。ホームの隅で、こちらにカメラを向けている青年がいた。誇らしい気持ちになる。

運転席に乗っていて、小さな子供が手を振っている姿を何度も見かけた。そのうちの何度かは、堀田さんが手を振り返していた。運転士によっては短く警笛を鳴らして応える人もいるという。そんな返礼があれば、手を振る幼児とてうれしかろう。微笑ましい光景だ。しかし、「運転中に手を振るなんて危険だ」だの、「警笛がうるさい」だのというクレームが入ることがあるという。世知辛い世の中だ。

金町駅の先で左側に線路が分岐していく。ここから総武線の新小岩とを結ぶ「新金線」とよばれる貨物線だ。じつはこの取材に先立って、私は新金線の沿線を訪ね歩いた。住宅地の中を貫いて、国道六号線を踏切で渡ったりする、ファンに人気の路線だが、基本的には貨物列車しか走らない。

「このままあっちに行けたら楽しいだろうな」

と思う。

北千住駅の手前に差しかかった時、先ほどの忘れ物が見つかったという報告が流れる。こうした情報は貨物列車には無関係なのだが、JR東日本の線路の上を走る以上、共有することになるらしい。

十六時六分、北千住駅を通過した。この楽しい旅ももうすぐ終わりだ。しかし、最後の楽しみが待っている。というより、今回の添乗記最大の山場が残っているのだ。

南千住駅直前から本線の左側の短絡線に入る。

「短絡線場内進行！」

この列車が走る唯一の「貨物線」だ。ここから隅田川駅までの数百メートルは、貨物列車に乗らないと通れない区間なのだ。時速三十五キロまで落として短絡線に入ると、キーキーと音をたてながらカーブを曲がり、左に見える隅田川駅の横をかすめる。例の跨線橋の下をくぐると最徐行となり、やがて停止した。でも、まだこの旅は終わっていない。

運転士は左わきの窓を開けると後方の信号機を見て、すぐに後ろ向きで推進運転を始める。隅田川駅は頭端式の構造なので、田端側から来る列車はそのまま駅に入れるが、土浦側から来た列車は一度駅の横を通り過ぎて、スイッチバックをして駅に入っていかなければばならないのだ。乗務員や駅の作業員にとってはひと手間余計にかかるわけだが、部外者にとっては楽しい。

先頭から最後尾に立場が変わったわが機関車は、ゆっくりと貨車を押しながら隅田川駅「着発七番線」に入線。十六時十五分三十秒、定刻通りの到着。これで我々の旅は終了した。

梯子段を下るようにして機関車を降りる。だいぶ暗くなっていた。

東京で貨物列車を見ない訳

隅田川機関区に戻って、機関区長の田村正一さん（49）と、貨物列車添乗にお付き合いいただいた副区長の堀田さんの話を伺う。

東京に暮らす人の中には、最近貨物列車を見かけなくなった——という人も少なくないだろう。確かに昭和三十年代、四十年代の鉄道貨物全盛期と比べれば、列車本数は減っているが、いくつかの理由がある。

一つは路線網の変化。

昔は新宿にも飯田橋にも、上野にも汐留にも、多くの貨物列車がやって来ていた。しかし首都圏への人口流入が続き、都心の線路は飽和状態となり貨物列車の入り込む余地がなくなってきた。そこで都心を迂回する線（武蔵野線など）を新設し、貨物列車がなるべく都心に入ってこないような路線網を整備していったのだ。これにより、都心を走る貨物列車の数は激減し、その姿を見る機会は減った。

それでも隅田川駅のような都心の貨物列車の拠点駅はある。しかし、これも色々な事情があるのだ。

すでに触れた通り、分割民営化の後は、ＪＲ貨物は自前の路線をほとんど持たなくなった。ダイヤの優先権は、路線を持つ旅客鉄道会社の手にある。朝のラッシュ時には基本的に貨物列車を都心で走らせることは不可能になった。都市部は日中も多くの旅客列車が行き交い、貨物列車の入り込む余地は小さい。都民の目から貨物列車は遠ざかる一方だ。反対に、夜間、特に深夜帯に都内を発着する貨物列車は多い。隅田川駅も「東京タ」も、二十四時間操業でこれに対応している。

ならば深夜は貨物列車が走り放題なのかと言えば、そうでもない。

「深夜は線路の保守点検をする時間帯でもあるので、その間は貨物列車も走れません。なので夜の短い時間帯に、多くの貨物列車が束になって走っているんです」

と堀田さんは説明する。

「ただ、昼間よりも夜のほうが貨物列車のニーズは高いんです。特にいま、コンテナ貨物の主力となっている宅配便は、日中に集荷した荷物を夜発送して、朝地方の各都市に届いたら午前中に配送する――という流れが出来上がっているんです」

と田村さん。

JR貨物が一年間で取り扱うコンテナ輸送量は約二千二百万トン。そのうち、一三％にあたる約二百八十五万トンが宅配便なのだ。これは約三百七十五万トンの食料工業品、約三百万トンの紙・パルプに次ぐ三位にランクされる実績だ。

隅田川駅での取材に同行してくれたJR貨物広報室の中村玲香さんが、帰りの電車の中でポツンとつぶやいた。

「パソコンやスマホで簡単に買い物ができて、翌日には買ったものが届くのが当たり前の日常の中に、じつは鉄道貨物があるということを、少し知ってもらえたら、ちょっとうれしいかな……」

旅客列車は「人」を運ぶが、貨物列車は「暮らし」を運ぶ――。

私たちの生活を支える物資の多くが、全国から高層マンションの立ち並ぶ南千住の貨物駅に集められ、ふたたび全国に運ばれていく。日々そんなことが繰り返されていることを、私たちは知らずに暮らしている。私たちが知らなくても、貨物列車は走り続ける。

長田昭二（おさだ　しょうじ）ジャーナリスト。一九六五年東京都生まれ。著書に『病院選びに迷うとき　良医と出会うコツ』、『働く人必読！　放っておくと危ないストレス、こわい病気』などがある。

初出一覧

ゴジラとタワーマンション（『文藝春秋』二〇一六年八月号）
保育園反対を叫ぶ人たち（『文藝春秋』二〇一六年九月号）
虐待と向き合う児相の葛藤（『文藝春秋』二〇一七年五月号）
東大を女子が敬遠する理由（『文藝春秋』二〇一七年六月号）
「ラジオ深夜便」のある生活（『文藝春秋』二〇一六年十一月号）
エリートが集う「リトル・インド」（『文藝春秋』二〇一七年七月号）
はとバスは進化し続ける（『文藝春秋』二〇一八年八月号）
八丈島の漁師と青梅の猟師（『文藝春秋』二〇一七年十月号）
いまどき女子は神社を目指す（『文藝春秋』二〇一六年十二月号）
新３Ｋ職場を支えるフィリピン人（『文藝春秋』二〇一七年十一月号）
将棋の聖地に通う男たちの青春（『文藝春秋』二〇一八年六月号）
ＪＲ貨物「隅田川駅」のいま（『文藝春秋』二〇一九年一月号）

文春新書

1203

平成《へいせい》の東京《とうきょう》12の貌《かお》

2019年(平成31年)1月20日　第1刷発行

編　者　文藝春秋
発行者　飯窪成幸
発行所　株式会社 文藝春秋

〒102-8008　東京都千代田区紀尾井町3-23
電話（03）3265-1211（代表）

印刷所　大日本印刷
製本所　大口製本

定価はカバーに表示してあります。
万一、落丁・乱丁の場合は小社製作部宛お送り下さい。
送料小社負担でお取替え致します。

ISBN978-4-16-661203-1

文春新書のロングセラー

中野信子
サイコパス
クールに犯罪を遂行し、しかも罪悪感はゼロ。そんな「あの人」の脳には隠された秘密があった。最新の脳科学が解き明かす禁断の事実
1094

岩波 明
発達障害
『逃げ恥』の津崎、『風立ちぬ』の堀越、そしてあの人はなぜ「他人の気持ちがわからない」のか？ 第一人者が症例と対策を講義する
1123

エドワード・ルトワック 奥山真司訳
戦争にチャンスを与えよ
「戦争は平和をもたらすためにある」「国連介入が戦争を長引かせる」といったリアルな戦略論で「トランプ」以後を読み解く
1120

近藤 誠
健康診断は受けてはいけない
職場で強制される健診。だが統計的に効果はなく、欧米には存在しない。むしろ過剰な医療介入を生み、寿命を縮めることを明かす
1117

佐藤愛子
それでもこの世は悪くなかった
ロクでもない人生でも、私は幸福だった。「自分でもワケのわからない」佐藤愛子ができ、幸福とは何かを悟るまで。初の語りおろし
1116